Die Trikolore über München

Gartenidyll mit einquartierten Franzosen, Aquarell von Ferdinand Schiesel, 1800

Manfred Peter Heimers

DIE TRIKOLORE ÜBER MÜNCHEN

Vorgeschichte, Ablauf und Folgen der französischen Besetzung 1800/1801

Eine Veröffentlichung des
Stadtarchivs München ——————— Buchendorfer Verlag

Bildnachweis:
Bayerisches Armeemuseum Ingolstadt,
    Umschlagbild, S. 64, 66–67, 107
Münchner Stadtmuseum, S. 2, 36, 74, 85
Museen der Stadt Nürnberg, Graphische
    Sammlung, S. 25
Stadtarchiv München, Umschlagbild, S. 11,
    13, 34, 39, 43, 51, 54, 59, 69, 70, 82–83,
    86, 89, 92, 96, 98, 102–103, 111, 112, 113,
    114, 116

Die Deutsche Bibliothek – CIP-Einheitsaufnahme
Die Trikolore über München : die französische Besetzung 1800/1801, ihre
Vorgeschichte, ihre Folgen ; eine Veröffentlichung des Stadtarchivs München /
Manfred Peter Heimers. – München : Buchendorfer Verl., 2000
    ISBN 3-934036-34-1

© Buchendorfer Verlag, München, 2000

Alle Rechte vorbehalten
Satz und Repro: Typodata GmbH, München
Druck + Bindung: Schoder Druck, Gersthofen
Printed in Germany
ISBN: 3-934036-34-1

INHALT

EINLEITUNG

Der Divisionsgeneral Decaën war über den herzlichen Empfang durch die Münchner überrascht: »il semblait que nous étions plustôt des libérateurs que des ennemies« und die Münchner wunderten sich umgekehrt über die freundliche Korrektheit der siegreichen »Neufranken«, die sich den Hauptstädtern natürlich von ihrer besten Seite zeigten und gerne die alte bayerisch-französische Waffenbrüderschaft unter Max Emanuel und Karl Albrecht beschworen. Mit dem bourbonischen Königreich hatte das wittelbachische Kurfürstentum tatsächlich viele positive Erfahrungen gemacht, und wenn es schon nicht mehr die vertrauten goldenen Lilien waren, die Montur und Fahnen der durch das Karlstor einziehenden Truppen schmückten, so stand den einfallreich uniformierten, kühn blickenden und jederzeit galanten Kriegern die fröhliche blau-weiß-rote Kokarde noch viel besser zu Gesicht, ein bedenklicher Umstand, der besonders die Münchner Frauenherzen höher schlagen ließ. Was waren dagegen die stocksteif gedrillten, hochnäsig und barsch auftretenden Zwangsverbündeten, die Österreicher, in ihren stets schmutzig wirkenden weißen Röcken? Bei ihrem Anblick erinnerte man sich in der Stadt an die furchtbare Sendlinger Mordweihnacht von 1705 und natürlich auch an die Schrecknisse und Grausamkeiten von 1742/45. Der imposante doppelköpfige schwarze Adler in ihren Fahnen versprach zwar das bedrohte Reich zu schützen, doch war man überall in Bayern voller Mißtrauen gegen diesen räuberischen Alliierten, der sich in jüngster Vergangenheit – im Frieden von Teschen 1779 nämlich – große Fetzen aus dem kurbayerischen Territorium herausgerissen hatte und wahrscheinlich gerade heimliche Anstalten machte, auch den Rest und München dazu zu verschlingen.

So in etwa war die momentane Ausgangslage, beim Einmarsch der Franzosen in München am 30. Juni 1800. Natürlich war der »freundliche Feind« allemal der militärische Feind, der trotz aller Verbrüderungsszenen durch Einquartierung, Kontribution und Requisition den Bürgern auch schnell zur Last fiel. Spätestens nach der unglücklichen Schlacht bei Hohenlinden am 3. Dezember 1800 konnten die Münchner dann die grausame Wirklichkeit des Krieges recht anschaulich erleben, als man nämlich die Verwundeten und Gefangenen in ihrem Elend und Jammer in die Stadt führte. Was die Münchner Bevölkerung nicht ahnte: das »Kriegstheater« der Jahre 1800/1801 sollte überhaupt der Auftakt einer recht martialischen Epoche werden, die Bayern, Deutschland und ganz Europa in wenigen Jahren im eigentlichen Wortsinn »auf den Kopf stellte«.

Es ist deshalb kein Fehler, nach genau zwei Jahrhunderten den Blick zurück zu lenken zu den Situationen und Konstellationen jener Münchner »Franzosenzeit«, mit der die Hauptstadt unsanft aber nicht unfreundlich in das neue Jahrhundert hineinkatapultiert wurde.

Diese notwendige Münchner Erinnerungsarbeit, die sich nicht nur in dieser Veröffentlichung, sondern auch in einer kleinen Ausstellung in der Rotunde des Stadtarchivs an der Schleißheimer Straße niederschlägt, wurde in erster Linie von Dr. Manfred Heimers geleistet, dem ich an dieser Stelle herzlich danken möchte. Ebenso danke ich allen Mitarbeiterinnen und Mitarbeitern meines Hauses in Fotostelle und Restaurierung, die sich die Umsetzung des Themas wieder zu einem persönlichen Anliegen gemacht haben. Eine besondere Dankesschuld gilt es auch bei den Leihgebern der Exponate abzustatten, die den hauseigenen Archivquellen die ergänzenden Text- und Bildinformationen zur Seite stellten.

München, im Oktober 2000   Richard Bauer
                                    Direktor des Stadtarchivs München

MÜNCHEN UND FRANKREICH

Vor genau 200 Jahren, am 3. Dezember 1800, besiegte die französische Rheinarmee die österreichische Armee bei Hohenlinden und zwang damit Österreich und das Deutsche Reich zur Anerkennung der durch die Revolutionskriege geschaffenen Situation in Europa. München hatte zu dieser Zeit bereits seit fünf Monaten unter französischer Besatzung zu leben und sollte die Besatzer noch weitere vier Monate in seinen Mauern aushalten müssen. Frankreich bestimmte das Leben in München aber nicht nur während dieses dreiviertel Jahres. Vom 17. bis zum 19. Jahrhundert war der Einfluss des Landes westlich des Rheins durch seine kulturelle Dominanz und durch seine Außen- und Bündnispolitik ständig zu verspüren. Zu keiner Zeit war er jedoch so vorherrschend wie in den Jahren zwischen dem Ausbruch der Französischen Revolution und dem Sieg über Napoleon. Der Blick auf Frankreich beeinflusste das Verhältnis zwischen Stadtbevölkerung und Landesherrn. Frankreich bestimmte über Krieg und Frieden. Seine Soldaten standen zweimal als Feinde vor den Toren Münchens, und es trug durch seine Bündnispolitik die Mitverantwortung für zwei weitere militärische Besetzungen. Französische Kriegserfordernisse verursachten enorme wirtschaftliche und finanzielle Belastungen und kosteten viele Söhne der Stadt das Leben. München fürchtete die Franzosen als Revolutionäre, hoffte auf sie als Republikaner, litt unter ihnen als Besatzer, bejubelte sie als Befreier, war stolz auf sie als Verbündete, verwünschte sie als Kriegstreiber und triumphierte über sie als Besiegte. Auch wenn sie nicht ständig wehte, so wurde sie doch fast zu einem Symbol für die Zeit von 1789 bis 1815, die Trikolore über München.

Im Bann der Revolution

Nachdem Kurfürst Karl Theodor von Pfalz-Bayern nach mehrmonatigem Aufenthalt in Mannheim im Sommer 1789 wieder nach München zurückgekehrt war, gab er in den ersten Augusttagen aus diesem Anlass eine Reihe von Festlichkeiten. Am 10. August fand für ihn und seine Gäste, den Trierer Kurfürsten Clemens Wenzeslaus Prinz von Sachsen und dessen Schwester, die bayerische Kurfürstin-Witwe Maria Anna, ein Festessen in der Reitschule im Hofgarten statt. Die Bevölkerung der Residenzstadt wurde im Garten mit Speisen und Wein bewirtet. Nur drei Wochen zuvor hatte Paris mit dem Sturm auf die Bastille das Signal zur revolutionären Beseitigung des Ancien Regime gegeben, aber München schien sich noch einmal dem Festtaumel des dahinschwindenden Rokoko-Zeitalters hingeben zu wollen. Allerdings machte das Aufgebot von insgesamt vier Kompanien des Leibregiments zum Schutz des Festes im Hofgarten deutlich, dass das Verhältnis zwischen dem Landesherrn und seinen Münchner Untertanen keinesfalls ungetrübt war. Tatsächlich kam es während der Feier zu Ausschreitungen von Betrunkenen, in deren Verlauf sich Karl Theodor vorzeitig zurückziehen musste, da man um seine Sicherheit fürchtete[1]. Auch in München bestand also durchaus die Gefahr, dass sich die seit langem bestehenden Spannungen zwischen dem Kurfürsten und der Bevölkerung in gewaltsamen Ausbrüchen entladen könnten.

Tatsächlich hatte sich in den letzten Jahren eine generelle Unzufriedenheit mit dem politischen System unter Karl Theodor aufgestaut, die immer häufiger in offene und scharfe Kritik an den bestehenden Zuständen einmündete. Man war über einen Landesherrn enttäuscht, der Bayern am liebsten gegen die Niederlande eingetauscht hätte, litt unter schweren wirtschaftlichen und sozialen Problemen und är-

---

[1] Tagebucheintrag Lorenz von Westenrieders v. 10.8.1789, abgedr. in: Kluckhohn, 1. Abt., S. 46.

Kurfürst Karl Theodor von Pfalz-Bayern als Reichsvikar, Kupferstich von Joseph Anton Zimmermann, 1792

gerte sich über die Bevorzugung der pfälzischen Vertrauten des Kurfürsten im Regierungsapparat. Hinzu kam eine Verunsicherung durch immer neue Reformmaßnahmen, die das vertraute Umfeld in Frage stellten. Natürlich versuchte der Kurfürst, zu verhindern, dass die Stimmung in seinen Landen durch französische Revolutionspropaganda zusätzlich aufgeheizt wurde. So verbot er bereits am 11. September 1789 den Verkauf und den Druck aller Schriften »von den französischen Unruhen«[2]. Am 19. Februar 1790 wurden zusätzlich die Einfuhr und die Verbreitung von Schriften mit revolutionärem Inhalt verboten und mit Strafe belegt[3]. Schließlich untersagte der Kurfürst auch die Einfuhr von Büchern und Schriften aus Nürnberg[4], da sich die Reichsstadt nicht zu Zensurmaßnahmen bewegen ließ und immer mehr zu einem Einfallstor für Revolutionsgedankengut nach Bayern wurde. Dennoch drangen weiterhin Nachrichten und Propaganda aus Frankreich in die kurfürstlichen Territorien ein und beflügelten eine heftige Kritik am politischen System. Die Forderungen nach Abhilfe wurden auch in München zumindest verbal allmählich immer radikaler.

In Schmähschriften wurde zunächst einmal die Umgebung des Herrschers angegriffen, deren Einflüsterungen auf den charakterlich labilen Fürsten man die Schuld an vielen Missständen gab, vor allem der kurfürstliche Günstling Sir Benjamin Thompson, seit 1792 Reichsgraf von Rumford, den man als »Schelm«, »Filou« und »Schurken« an den Galgen wünschte[5]. Der Beichtvater Karl Theodors, der Jesuit Ignaz Frank, wurde als »schwarzer Mann mit noch weit schwärzerer Seele« attackiert, der Bayern »im Namen Gottes ... verdammen will zur Hölle«[6]. Aber auch der Landesherr selbst wurde nicht ausgespart. Den angesammelten Unmut über die kurfürstliche Politik fasste eine im Stil der Bergpredigt gehaltene Druckschrift in eine ironisierte Form der Seligpreisungen, die Karl Theodor in den Mund gelegt wurden: »Selig sind, die da hungert und durstet nach Gerechtigkeit, die ich ihnen ver-

---

[2] Mandat Kurfürst Karl Theodors v. 11.9.1789, abgedr. in: Sammlung, Bd. 5, S. 110 f.
[3] Verordnung v. 19.2.1790, StadtAM, BuR 60 A 9/a.
[4] Mandat Kurfürst Karl Theodors v. 23.10.1790, abgedr. in: Sammlung, Bd. 5, S. 782.
[5] Scheel, S. 18.
[6] Ebd.

Sir Benjamin Thompson Reichsgraf von Rumford, Kupferstich von Joseph Rauschmayr nach einer Zeichnung von Georg von Dillis, 1797

sagen will ... Selig sind, die da Verfolgung leiden um der Pfälzer willen, denn sie werden Bayern mit Not umringen ... Selig ist München und ganz Bayern, so aller Wucher und Kauderei treiben darf mit Wissen meiner und meiner Apostel, um unsere Säcke zu spicken«[7]. Ein im Sommer 1794 verbreitetes Flugblatt, das dem Kurfürsten vorwarf, sein Land gewissenlos auszubeuten, warnte: »Nehmt euch ein Beispiel aus der Zeit und schreibt euch's an die Wände: In Frankreich köpft man Könige, in Polen hängt man Stände«[8]. Um mit dem bestehenden Herrschaftssystem aufzuräumen, wünschte sich ein im Herzogspital in München gefundenes Gebet sogar die französischen Revolutionstruppen herbei: »Segne, o Herr der Heerscharen, segne die Waffen des Frankenvolks, das der Hauch Deiner Barmherzigkeit erweckt hat, um die zweite Erlösung des Menschengeschlechts an Bayern und der ganzen Menschheit zu vollbringen! Sende Deinen Würgengel vor ihren Fahnen her, damit er den ruchlosen Stamm der Tyrannen von der Welt vertilge und auch ihre Bundesgenossen für ihre Verwegenheit strafe! Stärke die edlen Kämpfer für unsere Rechte und Würden, die Franken, so du zu unserer Befreiung auserwählt hast«[9].

Unter dem Eindruck der Vorgänge in Frankreich wagte auch der Münchner Magistrat einen deutlichen Akt der Kritik am Landesherrn: Sicherlich nicht zufällig zum ersten Jahrestag des Sturmes auf die Bastille wurde unter maßgeblicher Beteiligung, wenn nicht gar auf Initiative von Sir Benjamin Thompson eine allgemeine Dank- und Huldigungsadresse der Münchner Bürgerschaft an den Kurfürsten organisiert. Der Magistrat, den man bei der Formulierung der Adresse übergangen hatte, sah sich in seiner verfassungsrechtlichen Position als Sprecher der Bürger verletzt und distanzierte sich von dem ganzen Vorgang. In einer Rechtfertigungsschrift zeigte er am 28. Juli 1790 mit dem Hinweis auf »ganze Nationen«, die »mit aufrührischer Hand ihre Verfassung erschüt-

---

[7] Ebd., S. 19.

[8] Die bayerischen Bauern an die Landschaftsverordneten und Adjunkten, München 1794, abgedr. in: Jakobinische Flugschriften, S. 223 f., Zitat S. 223.

[9] Gebet, welches alle guten Bayern in dieser Zeit der Not und Bedrängnis fleißig beten sollen, München o.J., abgedr. in: Jakobinische Flugschriften, S. 220 f., Zitat S. 221.

tern und sich mit dem theuern Blut ihrer Mitbürger neue Gesätze, neue Regierungen zu erkaufen suchen«[10], unverhohlen die Konsequenzen einer verfehlten Regierungsweise auf und griff damit implizit natürlich auch die landesherrliche Politik an. Der Kurfürst empfand diesen Vorgang mit der darin enthaltenen Drohung als Majestätsbeleidigung und Hochverrat. Bei der nächsten Stadtratsneuwahl übertrug er daher die Geschäfte der Stadt vorübergehend einer kurfürstlichen Stadtadministrationskommission. Die Verfasser der Flugschrift wurden für immer von den Ratsgeschäften ausgeschlossen, und die restlichen an der Aktion beteiligten Räte mussten am 21. Mai 1791 wie gewöhnliche Verbrecher in der Maxburg vor einem Porträt des Landesherrn kniefällig Abbitte für ihr Vorgehen leisten. Bereits am 3. Mai 1791 hatte Karl Theodor die Ratswahlordnung neu geregelt und aus Verärgerung über die städtische Aristokratie einem von den Zünften gewählten Gremium von 36 Ausschüssern als Repräsentanten der gesamten Stadtgemeinde die Wahl des Äußeren Rats und gemeinsam mit diesem auch die Wahl des Inneren Rats übertragen. Beide Ratsgremien sollten nun alljährlich komplett neu gewählt werden. Am 14. Dezember 1792 wurde den Ausschüssern auch noch ein Mitspracherecht in allen Bürger- und Gemeindeangelegenheiten zugesprochen. Aus Angst vor dem zunehmenden Selbstbewusstsein der Bürgervertreter, die sich immer weitere Kompetenzen anmaßten, wurden diese Neuregelungen angesichts der Entwicklung in Frankreich aber auf Intervention des Stadtmagistrats bereits am 27. November 1793 wieder suspendiert[11].

Die Härte, die Kurfürst Karl Theodor gegenüber Regimekritikern an den Tag legte, ließ jedoch die öffentlichen Unmutsäußerungen in München nicht mehr verstummen. Ende November 1794 wurde München sogar zum Schauplatz einer regelrechten Revolte: Weil sie an einem Montag und nach einem darauf folgenden Feiertag morgens nicht rechtzeitig zur Arbeit erschienen, wurden zwei Schlossergesellen ohne Lohn entlassen. Aus Protest gegen die Lohnverweigerung

---

[10] Abgedrungene Aufklärung für die Bürgerschaft und das Publikum über einige ausgestreute Druckschriften in Rücksicht einer zirkulirten Danksagungsschrift v. 28.7.1790, StadtAM, BuR 25/1.
[11] Bauer, S. 256 ff.

legten am 27. November insgesamt 63 Schlossergesellen die Arbeit nieder. Der Stadtmagistrat ließ daraufhin die beiden Rädelsführer und die beiden Altgesellen arretieren und verurteilte neun Gesellen, die eine Arbeitsaufnahme weiterhin verweigerten, zum Militärdienst. Aus Furcht, dass damit eine Beschneidung ihrer Rechte eingeleitet werden könnte und man aus ihnen »blosse Sclaven ihrer Meister« machen könnte, forderten in der Folge jedoch die Altgesellen von 21 Zünften am 3. Dezember die Revision dieses Urteilspruchs[12]. Als der Magistrat und die inzwischen eingeschaltete Regierung die bis zu einem endgültigen Urteil geforderte Freilassung der Verurteilten hinauszögerten, riefen am 15. Dezember die Gesellen von insgesamt 30 Zünften den allgemeinen Streik aus. Der Kurfürst ließ ihnen mitteilen, dass er »sich eine Resolution abzudrotzen nicht gemeint sey, sondern die Gesellen hätten sich sogleich in die Arbeit zu verfügen und Gehorsam zu bezeigen«[13]. Daraufhin schlossen sich am folgenden Tag fast alle übrigen Zünfte dem Streik an. Arbeitswillige Gesellen wurden zum Teil mit Gewalt an ihrer Tätigkeit gehindert. Auch die Meister legten nun die Arbeit nieder. Zwischen 4 000 und 5 000 Handwerker streikten und gefährdeten damit die Versorgung Münchens. Als Gesellen und Meister die Ratsmitglieder am 17. Dezember im Rathaus festsetzten und protestierend vor die Residenz zogen, sah sich Karl Theodor zum Einlenken gezwungen und gestand den Handwerkern die Erfüllung ihrer Forderungen sofort zu. Dass auch Kurfürstin-Witwe Maria Anna auf die Bitte der Altgesellen hin zugunsten der Delinquenten interveniert hatte[14], erleichterte es dem Landesherrn sicher, bei diesem Meinungswechsel das Gesicht zu wahren. Jedenfalls wurde den Arretierten zum allgemeinen Jubel ihre Freiheit zurück gegeben, und die zum Militärdienst gezwungenen Gesellen wurden am 19. Dezember vom Hofkriegsrat wieder entlassen[15]. Durch diesen Erfolg wuchs in München das Selbstbewusstsein der Bevölkerung. »Nun lernt das Volk einmal kennen,

---

[12] Protocoll v. 3.12.1794, StadtAM, Stadtgericht 937.
[13] Tagsordnung In der Schlosseraffaire, StadtAM, Stadtgericht 937.
[14] Bittschrift sämtlicher Altgesellen an Kurfürstin Maria Anna v. 16.12.1794, StadtAM, GA 2490a.
[15] Mandat des Hofkriegsrats v. 19.12.1794, StadtAM, Stadtgericht 937.

was es insgesamt vermag«[16], stellte Seidenwirker Lorenz Seyfried fest.

Die ohnehin kritische Stimmung wurde durch die Ereignisse westlich des Rheins noch weiter aufgeheizt. Kurfürst Karl Theodor lebte in beständiger Furcht vor Übergriffen der Revolution auf seine eigenen Territorien. Dennoch stand er einer militärischen Intervention in Frankreich äußerst reserviert gegenüber. Er fürchtete, sich damit erst recht die Revolutionäre ins eigene Land zu holen, und er fühlte sich zu schwach, um die Integrität Pfalz-Bayerns in einem Kampf der Großmächte Österreich und Frankreich wahren zu können. Als deutsche Reichsfürsten, die sich durch die Beschlüsse der französischen Nationalversammlung in ihren Rechten bedroht sahen, 1792 in Regensburg über Abwehrmaßnahmen berieten, mahnte der Kurfürst deshalb mit bemerkenswert klugen Worten zur Zurückhaltung: »Lasse man die Franzosen experimentiren über Volksthum und Freiheit; lasse man sie gefährliche Versuche wagen über die beste Regierung, und seye man auf sich und die Seinigen bedacht. Ist ihre Sache gut, und fördert sie das Wohl ihrer Völker, so hat sich keine fremde Macht darein zu mengen und ihr Beglückungs-System zu stören oder zu hemmen; ist aber faul im Kerne ihr ganzes Wesen, ... so werden sie die üblen Folgen selbst schon fühlen und ihren Frevel und ihren Unsinn büßen«. Er riet, »einen militärischen Contagions-Kordon an den französischen Gränzen zu ziehen«, der weder Revolutionäre noch Emigranten, noch revolutionäres Ideengut ins Reich lasse. Dann könne man den Ausgang der Ereignisse beruhigt abwarten. »Mengt sich keine fremde Macht in die Neuerungs-Versuche der Franzosen, so reiben sich ihre Factionen im Innern gegenseitig auf; will man sie aber durch Waffengewalt bezwingen, so sind alle Factionen einig, den ungeladenen Gast sich vom Halse zu schaffen«[17]. Dann sei man gezwungen, Krieg gegen die gesamte französische Nation zu führen.

Auch nachdem die Franzosen am 20. April 1792 Österreich und Preußen den Krieg erklärt und damit den später so genannten 1. Koalitionskrieg ausgelöst hatten, versuchte Karl

---

[16] Bericht des Hofgerichtsadvokaten Köllmayr v. 2.12.1795, StadtAM, Stadtgericht 888.
[17] Lipowsky, Karl Theodor, S. 243 f.

Theodor, neutral zu bleiben. Erst nach heftigsten Drohungen durch der Österreicher musste sich Pfalz-Bayern schließlich doch dem am 22. März 1793 erklärten Reichskrieg gegen Frankreich anschließen. Es war wohl nicht nur Ängstlichkeit, die den Kriegswillen des Kurfürsten lähmte, es war sicherlich auch die Einsicht in die Unzulänglichkeit der eigenen Rüstungsmaßnahmen. Tatsächlich waren Ausrüstung und Ordnung des pfalz-bayerischen Heeres den Anforderungen eines größeren Krieges keinesfalls gewachsen. Hinzu kam, dass die Armee zahlenmäßig viel zu schwach war und durch häufige Desertionen dezimiert wurde. Da der Militärdienst finanziell kaum attraktiv war und zudem die Aussicht bestand, an der Seite der verhassten Österreicher in den Krieg ziehen zu müssen, ließen sich über den herkömmlichen Rekrutierungsweg nicht genügend Freiwillige zur Auffüllung der Heeresreihen finden. Im Frühjahr 1793 musste man deshalb zunächst in München und schließlich auch in allen anderen Amtsbezirken dazu übergehen, »mit keinem hinreichend gewissen Nahrungsstand versehene oder übel beschriebene dienstlose und müßiggehende Personen ledigen Standes« zwischen 17 und 42 Jahren zwangsweise für den Militärdienst zu rekrutieren[18]. Im darauf folgenden Juli wurde die Zwangsaushebung auf »liederliche Ehemänner ..., welche wegen ihrer verschwenderischen Hauswirthschaft und öfters corrigirt- oder fruchtlos ermahnten Schwärmerey und Liederlichkeit Weib und Kinder in das Verderben stürzen« ausgedehnt[19]. Dennoch blieb es weiterhin schwierig, das pfalz-bayerische Heer gegen den anhaltenden und vereinzelt sogar gewaltsamen Widerstand der Bevölkerung auf die notwendige Stärke zu bringen.

In München war, mit Ausnahme der Rekrutierungsbemühungen, vom Krieg bisher kaum etwas zu spüren gewesen. Dies sollte sich im Verlaufe des Jahres 1795 ändern: Um den hohen Versorgungsbedarf der kämpfenden Armeen beider Seiten zu decken, wurden Aufkäufer auch auf dem Münchner Markt aktiv. Die Folge war, dass die Preise von Getreide, Holz und vielen notwendigen Lebensmitteln stiegen und die Münchner Bevölkerung nicht mehr hinreichend versorgt wer-

---

[18] Mandat Kurfürst Karl Theodors v. 18.3.1793, StadtAM, BuR 60 A 9/b.
[19] Mandat Kurfürst Karl Theodors v. 8.7.1793, abgedr. in: Sammlung, Bd. 5, S. 638 f.

den konnte. Bereits am 4. Februar 1795 befahl daher die Obere Landesregierung eine Beobachtung der Münchner Schranne, um festzustellen, welche Getreidemengen zu welchem Preis von schwäbischen oder fränkischen Händlern aufgekauft wurden[20]. Da der für das Finanzwesen zuständige Geheime Rat Stephan Freiherr von Stengel trotz aller Beschwerden am Prinzip der freien Ausfuhr festhielt, begab sich am 12. März 1795 eine Delegation des Magistrats und der Bürgerschaft direkt zum Kurfürsten und bat um Abhilfe. In der gleichen Nacht wünschte ein aufrührerisches Flugblatt in der Stadt den Freiherrn von Stengel an den Galgen. Trotz dieser deutlichen Signale der Unruhe bestritt eine landesherrliche Erklärung vom 16. März eine nennenswerte Verteuerung des Getreides in München und lehnte die Aufhebung des freien Getreidehandels ab[21]. In der Stadt begannen in der Folgezeit Gerüchte zu kursieren, dass der Landesherr die Löhne herabsetzen und die Lebensmittel rationalisieren lassen wolle.

Als sich die Situation auf dem Getreidemarkt nicht verbesserte, wuchs in München die Unzufriedenheit. Am 21. September verbreitete sich die Nachricht, dass sich beim Weinwirt Schrobenhauser ein Fremder mit einem Ausfuhrpass für mehrere tausend Scheffel Getreide einquartiert habe. An eine Beruhigung der Gemüter war nun nicht mehr zu denken[22]. Am 23. September versammelten sich einige Hundert verärgerter Menschen auf dem Rathaus. Die Gemeindevertreter forderten vom Magistrat energisch das Eintreten für eine Getreidesperre und die Absetzung des Marktvorstehers. Der Magistrat gab nach und ließ den Marktvorsteher durch einen von der Gemeinde benannten alten Bürger ersetzen. Stadtoberrichter Carl Leonard Sedelmayr wurde von der aufgebrachten Volksmenge gezwungen, sich als ihr Sprecher zum Geheimen Staatskanzler Johann Friedrich Freiherr von Hertling zu begeben. Hertling und Hofkriegsratspräsident Friedrich Wilhelm Fürst von Ysenburg, ein Schwiegersohn des Kurfürsten, mussten an der Spitze der Menge zur Residenz gehen und dort um eine Audienz beim Landesherrn nach-

---

[20] Ratssitzungsprotokoll v. 25.2.1795, fol. 195, StadtAM, RP 195/1.
[21] Mandat Kurfürst Karl Theodors v. 16.3.1795, StadtAM, RP 417.
[22] Ratssitzungsprotokoll v. 22.9.1795, fol. 411, StadtAM, RP 195/3.

suchen[23]. Karl Theodor, der wegen dieser Vorgänge einen Theaterbesuch abbrechen musste, war zu hartem Vorgehen entschlossen und ließ seine Truppen in Alarmbereitschaft versetzen. Die Stadttore wurden verschlossen, und in den Straßen patrouillierte berittenes Militär. Das Angebot des kaiserlichen Gesandten, österreichische Truppen zu Hilfe zu rufen, lehnte der Kurfürst jedoch ab. Die von ihm angeordneten Maßnahmen seien völlig ausreichend, um Ruhe und Ordnung zu gewährleisten. Auf Bitten der Kurfürstin-Witwe Maria Anna, die wohl auf Grund ihrer Haltung während des Gesellenstreiks von der städtischen Delegation um erneute Vermittlung gebeten worden war, empfing Karl Theodor die Abordnung schließlich doch. Er wollte die Beschwerden dilatorisch behandeln, ließ sich aber durch die Bürgervertreter doch zu Sofortmaßnahmen drängen. Ein Bote wurde nach Erding abgeordnet, der wichtigsten Getreideschranne im Umkreis Münchens, um ein Verbot des Getreidekaufs durch Ausländer und der Ausfuhr von Getreide zu überbringen[24]. Am nächsten Tag erging schließlich das lange geforderte landesweite Ausfuhrverbot für Getreide, gemästetes Hornvieh, Schafe und Schweine[25]. In der Stadt wurden in der Folgezeit die Häuser der Aufkäufer durchsucht und die dort gehorteten Lebensmittel für den Verkauf auf dem Markt beschlagnahmt. Tatsächlich verbesserte sich dadurch die Angebotssituation, und auch die Preise bewegten sich wieder etwas nach unten.

Trotz seiner Nachgiebigkeit war der Kurfürst nicht gewillt, das aufständische Verhalten der Münchner Bürgerschaft ungestraft hinzunehmen. Da er sich der Ergebenheit der in München stationierten Truppen nicht sicher war, ließ er zwei Regimenter nach Ingolstadt und nach Landshut verlegen. Im Gegenzug wurden ein Regiment aus Amberg und das Leibregiment sowie die Dragoner der verstorbenen Kurfürstin Elisabeth Auguste aus Mannheim nach München beordert. Sie

---

[23] Der sächsische Gesandte nannte in seinem Gesandtschaftsbericht über die Vorgänge anstelle Ysenburgs den Vizepräsidenten der Oberen Landesregierung Joseph Maria Freiherr von Weichs, vgl. Scheel, S. 31.

[24] Verruf des Landgerichts Erding v. 24.9.1795, StadtAM, RP 417; vgl. Tagebucheintrag Lorenz von Westenrieders v. 22.9.1795, abgedr. in: Kluckhohn, 1. Abt., S. 54 f.; das Datum des Eintrags ist falsch, es muss sich um den 23.9.1795 handeln.

[25] Mandat Kurfürst Karl Theodors v. 24.9.1795, StadtAM, BuR 60 A 9/b.

mussten Tag und Nacht in der Stadt patrouillieren. Die ständige Truppenpräsenz, noch dazu von als landesfremd empfundenen Pfälzern, verstärkte nur den Unmut in München, und Reibereien zwischen Bürgerschaft und Soldaten waren nicht selten, wie Staatsrat Johann Heinrich Freiherr von Krauß klagte: »Es ziehen alle Tag über 400 Mann auf die Wacht u. die Stadt ist jetzt voller Schilterhäusle auch um die Stadt herum gerade genug, was der Bürgerschaft ... nicht taugen will«[26].

Unter dem Vorwand, dass eine Verschwörung gegen das Leben des Landesherrn geplant sei, wurden weitere Repressionsmaßnahmen ergriffen. So wurden am 4. Dezember vier als Hauprädelsführer der Vorgänge vom 23. September verdächtige und als Revolutionsfreunde denunzierte Handwerker, der Knopfmacher Anton Böhm, der Seidenwirker Lorenz Seyfried, der Bürstenbinder Johannes Stumpf und der Perückenmacher Xaver Wery, auf kurfürstlichen Befehl hin verhaftet. Der Stadtmagistrat versuchte, sich am 9. Dezember in die Angelegenheit einzuschalten, und appellierte an die Großmut und Gnade Karl Theodors. Da sich die Vorwürfe revolutionärer Umtriebe aber ohnehin nicht erhärten ließen, wurden die vier Bürger ohne Gerichtsurteil bereits am 9. Januar 1796 wieder freigelassen[27]. Möglicherweise glaubte der Kurfürst, bereits ausreichend demonstriert zu haben, was den Münchnern bei einem weiteren unbotmäßigen Verhalten drohen könnte.

Der Blick nach Frankreich legte ihm ohnehin auch versöhnliche Gesten gegenüber der Bürgerschaft seiner Haupt- und Residenzstadt nahe, um den angestauten Unmut nicht weiter zu steigern. So hatte er bereits im Mai 1795 das Einverständnis des Magistrats für stärkere Mitspracherechte der Bürgerschaftsvertreter bei der Verwaltung der Stadt durchgesetzt. Ein entsprechender Vergleich zwischen Magistrat und Gemeindevertretung wurde durch den Kurfürsten in einem Wahlbrief vom 1. Dezember 1795 bestätigt. Danach erhielten die von den nunmehr 72 Zünften zu wählenden 36 Ausschüsser der Gemeinde ein Vertretungsrecht in allen die ge-

---

[26] Ow, S. 28.
[27] Acten-Producte vier wegen revolutionären Äußerungen verhaftete Bürger betreffend v. 1795/96, StadtAM, Stadtgericht 888; Ratssitzungsprotokoll v. 22.8.1796, fol. 195 v., StadtAM, RP 196/3.

samte Bürgerschaft, einen großen Teil derselben oder einzelne Zünfte betreffenden Angelegenheiten. Ergänzungswahlen für den generell auf Lebenszeit gewählten Stadtrat sollten nur gemeinsam durch die beiden Ratsgremien und die Gemeindevertreter erfolgen.

Bei allem Entgegenkommen machte der Landesherr jedoch am 12. Januar 1796 ebenso deutlich, dass er es nicht wieder zu Ereignissen wie im vergangenen Herbst kommen lassen wollte. Das Polizeiwesen hatte in München bisher in den Händen des magistratischen Bußamtes und, soweit es den hofbefreiten Teil der Stadtbevölkerung betraf, beim kurfürstlichen Hofoberrichteramt gelegen. Als obere polizeiliche Aufsichtsbehörde für München und die Au wurde nun eine Polizeioberdirektion eingerichtet, die aus dem Präsidenten der Oberen Landesregierung, dem Stadtkommandanten und dem Hof- und Stadtoberrichter bestand. Sie hatte jedoch nicht nur Aufsichtsfunktion, sondern durfte auch die Verhaftung von Verbrechern, selbst in den umliegenden ständischen Gerichten, vornehmen. Vor allem oblag es der Polizeioberdirektion, »alle tumultuarische Aufläufe, Rumoren, und dergleichen sogleich mit aller Thätigkeit abzustellen, ... vorzüglich aber auch den für die allgemeine Ruhe und Sicherheit verdächtigen, geheimen, oder öffentlichen Zusammenkünften mit aller Wachsamkeit nachzuspüren, und selbe gleich bey ihrem ersten Entstehen mit allem Ernste, jedoch auch mit der hiebey benöthigten Klugheit und Vorsichtigkeit zu zernichten«[28]. Zu diesem Zweck sollte die Polizeioberdirektion regelmäßige Kontrollstreifen und Hausdurchsuchungen in München und der Au durchführen. 32 Mann Polizeiwache standen ihr dazu zur Verfügung.

Allerdings blieb diese Behörde nicht lange bestehen. Da zwischen den verschiedenen polizeilichen Einrichtungen in München zu viele Reibungen entstanden waren und die andauernden Truppendurchmärsche eine stärkere Einbindung der Polizei in den militärischen Bereich erforderlich machten, wurde die Polizeioberdirektion am 27. Januar 1798 wieder aufgehoben, und die Neuorganisation des gesamten Polizeiwesens der Haupt- und Residenzstadt dem Grafen von

---

[28] Mandat Kurfürst Karl Theodors v. 12.1.1796, abgedr. in: Sammlung, Bd. 5, S. 337.; vgl. Mandat der Oberen Landesregierung v. 4.5.1796, StadtAM, Polizeidirektion 498.

Rumford als Polizeidirektor übertragen[29]. Ihm wurden das Hof- und Stadtkonskriptionsamt sowie 36 Polizeidiener unter einem Rottmeister unterstellt. Als Rumford im August 1798 als pfalz-bayerischer Gesandter nach London ging, wurde der Vizepräsident der Oberen Landesregierung Joseph Maria Freiherr von Weichs sein Nachfolger. Aus dieser Behörde ging schließlich das noch heute bestehende Polizeipräsidium hervor. München hatte damit einen entscheidenden Bereich städtischer Selbstverwaltungsaufgaben an den Staat abgeben müssen, auch wenn die endgültige Auflösung der städtischen Polizei erst 1803 erfolgte.

---

[29] Verordnung v. 28.1.1798, abgedr. in: Sammlung, Bd. 6, S. 110.

ZWISCHEN DEN FRONTEN

Inzwischen war der Krieg gegen Frankreich in eine neue Phase eingetreten. Preußen war 1795 aus der Koalition ausgeschieden. Österreich und seine süddeutschen Verbündeten hatten Ende des Jahres einen unbefristeten Waffenstillstand auf dem deutschen Kampfschauplatz vereinbart. Zu Beginn des Jahres 1796 stellte die französische Republik drei Armeen auf, die unter Napoleon Bonaparte durch Norditalien, unter Jean-Victor Moreau durch Süddeutschland und unter Jean-Baptiste Jourdan durch Franken bis nach Österreich vordringen sollten, um dort den Frieden zu erzwingen. Der Kaiser kündigte daraufhin den Waffenstillstand am 21. Mai 1796 wieder auf, und Kurfürst Karl Theodor sah sich erneut gezwungen, gegen die Franzosen Partei zu ergreifen, wenn er den Österreichern keinen Vorwand zu einer Intervention bieten wollte. Diese lauerten ohnehin nur auf eine günstige Gelegenheit, um von Bayern Besitz zu ergreifen. Zu einer neuerlichen Kriegführung reichten jedoch die Finanzen in Pfalz-Bayern nicht aus. So musste der Kurfürst am 14. Juni eine allgemeine Zwangsanleihe ausschreiben und sein Land mit einer zusätzlichen finanziellen Belastung belegen, für die keine Ausnahmetatbestände zugelassen waren[30].

Moreaus Rhein-Mosel-Armee überschritt am 24. Juni mit 78 000 Mann den Rhein. In München wurden sofort Anzeichen von Panik sichtbar: Am 29. Juni, nur fünf Tage später, hörten Hofkriegsratspräsident Fürst von Ysenburg, Obersthofmeister Joseph Ferdinand Graf von Tattenbach und der General der Chevaulegers Karl August Fürst von Bretzenheim, der uneheliche Sohn des Kurfürsten, im Hof der Akademie Böllerschüsse, die ein aufziehendes Gewitter ankündigten. Sofort entstand die Angst, dass es sich um Kanonenschüsse der heranrückenden Franzosen handeln könnte. Der Fürst von Bretzenheim ritt daraufhin nach Dachau und legte sich dort auf den Boden, um die Herkunft des vermeint-

---

[30] Mandat Kurfürst Karl Theodors v. 14.6.1796, StadtAM, BuR 60 A 9/b.

24

Der unerbittliche Plünderer armer Landleute, Kupferstich bei Johann Trautner, um 1800

lichen Kanonenlärms zu erlauschen. Zugleich wurde ein Hauptmann mit der Erkundung des französischen Vormarschs beauftragt. Er gelangte bis Stuttgart, von wo er die Versicherung mitbrachte, dass die Reichstruppen stark genug seien, um den Feind aufzuhalten[31].

Die von Stuttgart aus verbreitete Zuversicht hielt der Realität jedoch nicht lange stand: Die Moreau entgegenstehende Reichsarmee musste sich bald nach Franken zurückziehen, so dass die französischen Truppen rasch nach Schwaben vordringen konnten. In München rechnete man mit einer baldigen Besetzung Bayerns durch die Franzosen. Bereits am 27. Juli erließ die Obere Landesregierung Verhaltensinstruktionen für die Beamten im Falle eines Einmarsches fremder Truppen[32]. Es wurde die bereitwillige Kooperation gegenüber den Besatzern und die Aufrechterhaltung von Ruhe und Ordnung in der Bevölkerung angemahnt. Es war bezeich-

---

[31] Du Moulin Eckart, S. 205 f.
[32] Mandat der Oberen Landesregierung v. 27.7.1796, StadtAM, BuR 60 A 9/b.

nend für die ambivalente pfalz-bayerische Haltung in diesem Krieg, dass Österreicher und Franzosen in dieser Instruktion gleich gestellt wurden. Um sich bei einer möglichen Besetzung nicht größeren Zorn der Franzosen zuzuziehen, wurden schließlich am 28. Juli alle französischen Emigranten, die man bis dahin geduldet hatte, aus der Haupt- und Residenzstadt und aus dem ganzen Land ausgewiesen[33].

München wurde nun erstmals direkt mit den Kriegsereignissen konfrontiert, als Truppenteile der Österreicher und ihrer Verbündeten mit ihrem ganzen Tross auf dem Rückzug durch die Stadt hindurch nach Osten marschierten. Gleichzeitig wurden aber auch österreichische Truppen nach Westen verlegt, die ebenfalls durch die Stadt zogen. Seit dem 1. August waren jeden Tag neue Durchmärsche zu beobachten, wurden Geschütze an den Wällen vorbei transportiert, zogen österreichische Offiziere durch die Stadt. Vor allem bei den in München stationierten bayerischen Soldaten rief die Anwesenheit der eigentlich verbündeten Österreicher regelrechte Hassausbrüche hervor, wie es ein Augenzeuge, der Historiker Lorenz von Westenrieder, schilderte: »Gestern gieng ein rauschiger Grenadier bey meinem Fenster vorbey und er musste einem österreicher Husaren zu Pferd ausweichen. Wie er schon auf die Seite getreten war, fiel es ihm ein, dass er ausweichen musste. Er blieb also stehen, rief dem Husaren nach, und drohte ihm heftig, indem er aufs Herz schlug, dass er ein Baier sey«[34]. Der Hass auf die Österreicher überstieg bei vielen Münchnern die Furcht vor den herannahenden Revolutionssoldaten bei weitem. Demonstrativ wurden daher auch gefangene und verwundete Franzosen, die auf dem Transport nach Osten am 24. August vor dem Karlstor eintrafen, »von hiesigen hinausgeeilten Wundärzten verbunden, auch von verschiedenen Einwohnern mit Brod, Wein, Bier versehen und mit Geld beschenkt ... Die österreichische Escorte wurde über dieses menschenfreundliche Betragen der hiesigen (Einwohner) gegen die Gefangenen (sehr erbost)«[35]. Mit der größten Abneigung und am

---

[33] Mandat v. 28.7.1796, abgedr. in: Sammlung, Bd. 5, S. 684.
[34] Tagebucheintrag Lorenz von Westenrieders v. 22.8.1796, abgedr. in: Kluckhohn, 1. Abt., S. 59.
[35] Eigenhändige Aufzeichnung des Martin von Poschinger, abgedr. in: Forster, S. 73.

26

misstrauischsten beargwöhnte die Bevölkerung jedoch die »Condeischen Soldaten«, die »in elenden Aufzügen« durch München zogen. »Es sassen fast auf allen Wägen, welche die Bauren fuhren, Weiber, welche Kinder und Schooshunde hatten. Ein recht persianischer Zug«[36]. Es handelte sich dabei um Hilfstruppen französischer Emigranten, zumeist aus dem Adelsstand, die unter dem Kommando des Prinzen Louis-Joseph de Condé standen und sich nach den Niederlagen der letzten Tage bereits in Auflösung befanden. Sie zeichneten sich durch außerordentliche Disziplinlosigkeit und besonders rücksichtsloses Betragen gegenüber der Zivilbevölkerung aus, das bis hin zu Misshandlungen und Plünderungen reichte.

Am 12. August erklärte der Kurfürst in der Hoffnung, seinem Land die schlimmsten Kriegserfahrungen zu ersparen, Pfalz-Bayern zu neutralem Gebiet und rief das pfalz-bayerische Kontingent aus der Reichsarmee zurück. Die Österreicher verweigerten ihren Verbündeten jedoch den Abzug und drohten, Bayern als feindliches Gebiet zu behandeln. Die kurfürstliche Armee musste nun zwar weiterhin gegen die Franzosen kämpfen, begann aber zugleich, sich durch Desertionen allmählich aufzulösen. Allen Soldaten aus den oberbayerischen Garnisonen befahl Karl Theodor, sich bei Annäherung der Franzosen mit ihrer gesamten Ausrüstung nach München zurückzuziehen. In der folgenden Zeit trafen daher täglich Truppen in der Haupt- und Residenzstadt ein, die mit ihrem Tross allmählich die Straßen der Stadt verstellten. Die Münchner Garnison wuchs schließlich auf über 14 000 Mann an, die von Generalmajor Maximilian Graf von Topor-Morawitzky kommandiert wurden. Da die Hausbesitzer der Stadt allein eine solch große Zahl von Militärpersonen nicht unterbringen konnten, mussten sich alle Haushalte auf Einquartierungen vorbereiten. Selbst die Geistlichkeit konnte von dieser Verpflichtung nicht ausgenommen werden. Allein das Franziskanerkloster musste 44 Mann aufnehmen und verpflegen. Die Michaelskirche, die Salvatorkirche und die Allerheiligenkirche am Kreuz wurden als Verpflegungsdepots zweckentfremdet. Flüchtlinge aus der Umgebung, die hinter den

---

[36] Tagebucheintrag Lorenz von Westenrieders v. 1.8.1796, abgedr. in: Kluckhohn, 1. Abt., S. 56.

Wällen Münchens Schutz vor den herannahenden Soldaten suchten, bedeuteten eine zusätzliche Belastung für die Aufnahmekapazität der Stadt.

Der Hof bereitete sich nun schnell auf die Abreise vor. Bereits am 9. August verließ Kurfürstin-Witwe Maria Anna die Stadt und flüchtete sich nach ihrer Heimatstadt Dresden. Am 13. August errichtete der Kurfürst eine Kriegsdeputation unter dem Vizekanzler Franz von Pettenkofer, der für die Kriegsdauer die Regelung aller mit dem Krieg verbundenen Angelegenheiten anvertraut wurde, und setzte ein Landesdirektorium unter der Leitung des Freiherrn von Hertling ein, das in seiner Abwesenheit die Staatsgeschäfte wahrnehmen sollte. Am 22. August reiste er selbst mit einem Tross von fünf bis sechs sechsspännigen Wagen nach Lockwitz bei Dresden ab, wo er im Schloss des pfalz-bayerischen Gesandten Karl Reichsgraf von Schall Unterkunft fand[37]. Er begründete seine Flucht offiziell damit, dass er so die pfalz-bayerische Neutralität besser wahren könne. Über seine Abreise war kaum ein Münchner traurig, da man hoffte, dass mit ihm nun auch sein ganzes verhasstes Gefolge aus der Stadt verschwinden und »das Lumpen und Tanzen und Spazierngehen«, kurz, die ganze Vergnügungssucht des Hofes, ein Ende haben würde[38].

Nachdem sich die Condéer am 22. August in Nymphenburg einquartiert hatten und durch Überfälle das Umland terrorisierten, war in München in der Nacht zum 24. August schließlich von Westen her tatsächlich Kanonenlärm zu vernehmen. Am Abend dieses Tages standen die ersten der vor den Franzosen zurückweichenden österreichischen und condéischen Truppenverbände vor der Stadt. Als sich vor allem die Condéer mit Waffengewalt Zugang verschaffen wollten, wurden die Tore verschlossen und die Wälle mit den Garnisonssoldaten und mit Geschützen besetzt. Vor den Toren wurden Reiter postiert, die ein gewaltsames Eindringen verhinderten. Auch innerhalb der Umwallung wachten Soldaten in den Straßen. Am folgenden Tag warnte das Landesdirektorium die Bevölkerung Münchens aus Angst vor Repressalien, »daß Niemand bey Ankunft fremder Truppen, Zusam-

---

[37] Münchner Zeitung, Nr. 146 v. 16.9.1796, S. 755.
[38] Tagebucheintrag Lorenz von Westenrieders v. 22.8.1796, abgedr. in: Kluckhohn, 1. Abt., S. 57.

menrottirungen, Vergwaltigungen, Thätlichkeiten, weder durch Waffen, oder Worte, heimlich oder öffentlich, zu veranlassen, oder zu begehen sich erfreche«[39]. Die Hauptmacht der Kaiserlichen unter dem Oberbefehl von Feldzeugmeister Maximilian Graf de Baillet de Latour traf gegen Abend vor der Stadt ein und ließ anfragen, ob sich die Garnison den Verteidigungsmaßnahmen gegen die Franzosen anschließen wolle und ob der Durchmarsch durch die Stadt und eine Quartiernahme gestattet seien? Der Stadtkommandant erklärte jedoch die Neutralität Münchens und seiner Garnison und gestattete nur einzelnen unbewaffneten Individuen den Zutritt zur Stadt, nicht aber dem ganzen Heer. Österreicher und Condéer mussten daher in der Nacht im Süden an der Stadt vorbeiziehen, überschritten die Isarbrücke und besetzten die Dörfer auf der östlichen Isaranhöhe. Durch die Errichtung von Batterien, die auf die Isarbrücke und den Roten Turm, einem Außenwerk des Isartors am Westende der Brücke, und damit auf München gerichtet waren, versetzten sie die Bevölkerung in Angst und Schrecken. Auf Proteste antwortete der Feldzeugmeister, dass er nicht München bedrohe, sondern sich gegen den Feind wehren müsse. Da man in der Nacht einen Angriff der Österreicher befürchtete, wurde den Klöstern das Läuten verboten und die Besatzung zu erhöhter Wachsamkeit aufgefordert. Am 26. August sperrten die kaiserlichen Truppen die Isarbrücke und schnitten München damit die Verbindungswege zum Osten hin ab. Gleichzeitig forderten sie aber immer wieder Lebensmittellieferungen aus der Stadt, die ihnen aus Angst vor Plünderungen auch gewährt wurden. Allein in der Zeit vom 25. bis zum 29. August erhielten sie Verpflegung im Gesamtwert von 3 195 Gulden und 37$^1/_4$ Kreuzern[40].

Um die durch die Lebensmittelforderungen der Truppen und die gekappten Verkehrswege beeinträchtigte Versorgung der Stadt nicht durch Wucherpreise und Angebotsverknappung noch zusätzlich zu gefährden, ließ Hofkriegsrats-Assessor Felix Joseph Lipowsky wiederholt die gesamten Getreide- und Biervorräte in der Stadt erfassen und den Getreideverkauf auf der Schranne kontingentieren. Da fast keine

---

[39] Mandat des Landesdirektoriums v. 25.8.1796, StadtAM, Stadtverteidigung 286.
[40] Pausch-Ausweis, StadtAM, Stadtverteidigung 288/2.

privaten Getreidevorräte vorhanden waren, stellte das Landesdirektorium die erst vor kurzem angelegten Regierungsvorräte zum Verkauf zur Verfügung. Im Zwinger zwischen Karlstor und Schwabinger Tor wurden provisorische Ställe errichtet, in die man Vieh unterstellte, das noch rechtzeitig in die Stadt geflüchtet worden war. Der Magistrat errichtete eine Deputation, die zum Zweck der Herbeischaffung von Lebensmitteln eine Anleihe von bis zu 50 000 Gulden aufnehmen sollte.

Die Kaiserlichen kontrollierten nicht nur das rechte Isarufer, sondern durchstreiften die gesamte Umgebung der Stadt. Vor allem die condéischen Hilfstruppen führten sich wie feindliche Besatzungssoldaten auf. Wiederholt versuchten sie, gewaltsam in die Stadt einzudringen. Durch rücksichtslose Proviantrequirierungen und Plünderungen richteten sie in den umliegenden Bauerndörfern großen Schaden an. Auf dem Gasteig wurden die Bierkeller leergeräumt, und im Märzenbierkeller des Angerklosters schlugen sie die vollen Fässer entzwei, »daß man im Bier bis an die Knie waden konnte«[41]. Leere Bierfässer wurden als Brustwehren genutzt. Als die Condéer auch über das Militärarbeitshaus in der Au herfielen und die vorhandenen Ausrüstungsteile raubten, protestierte Graf Rumford, der angesichts des durch die Einquartierungen herrschenden Durcheinanders auf Anordnung des Landesdirektoriums den militärischen Oberbefehl in München am 29. September übernommen hatte, bei Feldzeugmeister de Latour gegen diese Übergriffe. Dem österreichischen Befehlshaber gelang es jedoch nicht, die französischen Hilfstruppen zu disziplinieren. Allerdings benahmen sich auch die Österreicher, die ihr Hauptquartier am 30. August aus der Gegend im Westen der Stadt nach Riem verlegt hatten, nicht immer wie Verbündete.

Von den anrückenden Franzosen waren kaum positivere Meldungen zu vernehmen. Die revolutionären Massenaufgebotsheere waren nur mangelhaft ernährt und mussten sich, anders als die auf Magazinverpflegung aufbauenden Fürstenheere, im Interesse einer höheren Beweglichkeit aus ihren Durchmarsch- und Stationierungsgebieten heraus selbst ernähren. Das führte immer wieder zu undisziplinierten

---

[41] Diarium über die Kriegsereignisse vom 24. August 1796 bis 13. September 1796, fol. 38, StadtAM, Stadtverteidigung 287.

Zwangsrequirierungen und Plünderungen. Aus der Umgebung Münchens waren daher beim Heranmarsch der Franzosen beständig Klagen der Zivilbevölkerung darüber zu hören, dass marodierende Revolutionssoldaten »in den herumliegenden Dörfern, Schlößern und Pfarrhöfen alles ausblünderten«[42]. Um der Haupt- und Residenzstadt ein möglicherweise noch härteres Schicksal zu ersparen, sandte der Magistrat der herannahenden Armee gleich am 26. August eine sechsköpfige Delegation unter der Führung von Bürgermeister Philipp von Hepp entgegen, die mit einem Appell an die »generosité ... de la nation francoise« und die »clemence, avec la quelle elle traitte des Sujets innocents« um Gnade für München bitten sollte[43]. Aus Angst vor den Kaiserlichen musste sich diese Delegation in aller Heimlichkeit auf den Weg machen. Sie wurde sowohl von den Kommandanten der Voraustruppen Pierre-Martin Ferino und Charles Abbatucci als auch vom Oberbefehlshaber Moreau in Augsburg selbst auf das Freundlichste empfangen. Am 29. August erhielt sie von Moreau tatsächlich die Zusage, dass München verschont werde und keine Gefahr für das Leben und das Eigentum der Bevölkerung bestehe. Erst am 2. September gelang der Delegation die Heimkehr.

Bereits drei Tage zuvor hatten jedoch schon die ersten Revolutionssoldaten unter den Generälen Ferino und Abbatucci die Tore der pfalz-bayerischen Haupt- und Residenzstadt erreicht. Abbatuccis Truppen schlugen ihr Hauptquartier im Nymphenburger Schloss auf, nachdem sie Neuhausen in Brand gesetzt hatten, Ferino quartierte sich in Schleißheim ein. Ein französischer Kommissar verlangte im Rathaus die bescheidene Requisitionssumme von 60 000 Livres und die Einrichtung von Versorgungsmagazinen für seine Truppen. Beides wurde zunächst abgelehnt. Auch der Durchmarsch durch München wurde den über 6 000 Mann starken Franzosen verwehrt, so dass sie um die Stadt herum marschieren mussten und das linke Isarufer gegenüber den Österreichern besetzten. Der Rote Turm wurde in allen Stockwerken mit Scharfschützen belegt. Kanonen wurden nicht aufgestellt.

---

[42] Reisebericht der Magistratsdeputation v. 3.9.1796, StadtAM, Stadtverteidigung 286.
[43] Entwurf einer Bittschrift des Münchner Magistrats an General Moreau, StadtAM, Stadtverteidigung 287.

Anders als ihre Landsleute auf der Seite der Österreicher zeigten sich diese Franzosen entgegen aller Befürchtungen der Stadt gegenüber jedoch eher freundlich gesonnen. Sie ließen Vieh- und Lebensmittellieferungen auf den von ihnen besetzten Straßen ohne Probleme passieren. Dennoch kam es auch auf ihrer Seite weiterhin zu Plünderungen in der Umgebung, wurden zum Bau von Unterkünften »in der ganzen Gegend alle Zäune und Planken weggerissen, auch in manchen Häusern Thüren und Fenster ausgehoben« und die Getreideernte zweckentfremdet[44]. Die Lebensmittelzufuhr nach München war daher auch auf dem linken Isarufer erheblich erschwert und konnte kaum den Bedarf decken, zumal die Franzosen sehr hohe Requisitionsforderungen stellten. So wurden ihnen zwischen dem 31. August und dem 11. September insgesamt 114 529 Rationen Brot und 14 425 Pfund Fleisch geliefert. Sogar die 20 letzten verbliebenen Ochsen, die Reserve für die Fleischversorgung der Stadt, mussten ihnen schließlich ausgehändigt werden. Insgesamt erhielten sie Waren im Gesamtwert von 20 335 Gulden und 24$^{1}/_{2}$ Kreuzern[45].

Am 1. September versuchten die Revolutionstruppen den ganzen Tag über vergeblich, die Isarbrücke zu erstürmen. Im Verlauf dieser Kämpfe flogen immer wieder österreichische Kugeln in die Stadt, ohne allerdings größeren Schaden anzurichten. So fiel eine fünf-pfündige Kugel auf das Dach des Germsiederhauses in der Sterneckergasse und von dort einer Magd, die Wasser holen wollte, direkt in den Eimer. Vermutlich eine Kartätschen-Kugel flog durch das Fenster des Ratszimmers und prallte an des Lehnsessel des amtierenden Bürgermeisters, in dem allerdings nur ein Bußamtsaktuar saß. Verletzt wurde er glücklicherweise nicht.

Gegen Abend dieses Tages konnte man von der Stadt aus beobachten, dass die Condéer auf der Gasteig-Höhe in Richtung Brunnthal eine getarnte Mörserbatterie mit acht Geschützen aufstellten und auf München ausrichteten. Graf Rumford ordnete daraufhin zur Sicherheit der Stadt an, dass Wasservorräte auf die Speicher gebracht und Kelleröffnungen abgedeckt werden sollten. Um ein Zielen zu erschweren,

---

[44] Eigenhändige Aufzeichnung des Martin von Poschinger, abgedr. in: Forster, S. 85.
[45] Verzeichnüß v. 6.5.1797, StadtAM, Stadtverteidigung 288/1.

sollten während der Nacht in den oberen Stockwerken der Häuser und auf den Türmen alle Lichter gelöscht bleiben. Das Besteigen der Türme oder der Hausdächer zum Gasteig-Berg hin wurde verboten. Die Garnison wurde in Alarmbereitschaft versetzt, und Feuerwachen wurden aufgestellt.

Seinem Adjutanten Lipowsky gab Rumford den Auftrag, sich direkt mit dem österreichischen Oberbefehlshaber in Verbindung zu setzen, um das Schlimmste für München zu verhüten. Da die Überquerung der Isarbrücke nicht möglich war, musste sich Lipowsky im Süden der Stadt bei der Pulvermühle in der Nähe der Schmerzhaften Kapelle von einem Fährmann über den Fluss setzen lassen, und begab sich von dort zum österreichischen Oberbefehlshaber im Schlösschen des Grafen von Leyden. Feldzeugmeister de Latour zeigte sich über die Errichtung der Batterie nicht informiert und war sofort bereit, die Geschütze wieder entfernen zu lassen, so dass der Stadt von dieser Seite keine Gefahr mehr drohte.

In den folgenden Tagen belagerten sich die feindlichen Truppen unter den Augen der misstrauischen und besorgten Münchner über die Isar hinweg gegenseitig, ohne dass entscheidende Aktionen unternommen wurden. Erst am 7. September begannen die Franzosen mit einem neuen Sturm auf die Isarbrücke, den sie auch am folgenden Tag fortsetzten. Erneut blieb München von den Auswirkungen dieser Kämpfe nicht verschont. Am 8. September wurde St. Peter zweimal getroffen, eine Kugel schlug im Chor ein und vertrieb die Gottesdienstbesucher, so dass der Priester das Hochamt alleine zu Ende zelebrieren musste. In ähnlicher Weise wurde auch der Gottesdienst in der Heiliggeistkirche gestört. Ernsthafte Schäden entstanden erst, als am Vormittag dieses Tages der Schusswechsel im Lehel einige Holzstöße in Brand setzte, die den Republikanern als Deckung dienten. Das Feuer breitete sich bald auf einige benachbarte Gebäude aus und auf den Roten Turm, der durch Kanonenbeschuss ohnehin schon schwer beschädigt war. Es zerstörte ihn völlig, so dass er in der Folge ganz abgebrochen werden musste. Da ein Übergreifen des Feuers auf die Stadt zu befürchten war, setzte sich Rumford über seinen Adjutanten Lipowsky mit General Ferino in Verbindung, der seine Unterstützung zusagte. Die Franzosen stellten auf ihrem linken Flügel vorübergehend den Beschuss ein und eröffneten stattdessen den

Gefecht der Franzosen und Österreicher am Roten Turm zu München am 8. September 1796,
Lithografie von Christian Gottlieb Steinlen nach einem Entwurf von Johann Lorenz
Rugendas II, um 1796

Angriff auf ihrem rechten Flügel, so dass 300 Mann der München Garnison die Brände im Lehel löschen konnten[46]. Auf der anderen Seite der Isar standen in Haidhausen zur gleichen Zeit, offenbar verursacht durch nachlässig gesicherte Wachfeuer der Condéer, etwa 30 Häuser in Flammen, für deren Wiederaufbau der Prinz von Condé und der Herzog von Enghien später insgesamt 825 Gulden als Entschädigung zur Verfügung stellten[47]. In der Stadt wurde eine Sitzung des Landesdirektoriums gewaltsam beendet, als eine Kugel in den Kamin der Wohnung des Freiherrn von Weichs einschlug und die dort beratenden Herren mit Ruß einschwärzte. Den Revolutionstruppen gelang es auch diesmal nicht, sich den Übergang über die Isar zu erkämpfen, und so stell-

[46] Materialien u. Notizen zu des Felix Joseph Lipowsky Lebensgeschichte, fol. 87 v. ff., StadtAM, HV Manuskripte 128.
[47] Specification v. 10.9.1796, StadtAM, Haidhausen 265; im Entwurf zu dieser Liste ist anstelle des Herzogs von Enghien der Herzog von Anglois genannt.

ten sie ihre Sturmversuche am Abend dieses Tages endgültig ein.

Inzwischen hatte sich die Situation für die Franzosen nach Niederlagen Jourdans in Franken so ungünstig entwickelt, dass sich General Moreau schließlich dazu entschloss, seine Armee über den Rhein zurückzuführen, um sie nicht österreichischen Angriffen von der Nordflanke her auszusetzen. In der Nacht zum 12. September zogen daher Abbatucci und Ferino wieder aus der Umgebung Münchens ab, sehr zur Erleichterung vieler Münchner, die noch bis zum Schluss eine Besetzung der Stadt durch die Revolutionssoldaten befürchtet hatten. Nur wenige Stunden später folgten die Österreicher und die Condéer den Republikanern nach. Auf beiden Ufern der Isar ließen die Truppen durch die Kämpfe und durch Plünderungen beschädigte oder zerstörte Häuser zurück. Insgesamt hatten die kaiserlichen Einheiten während ihres Aufenthalts auf dem Gasteigberg vor allem durch Plünderungen einen Schaden von 49 721 Gulden und 53 Kreuzern angerichtet, von denen allein 48 024 Gulden und 34 Kreuzer auf das Konto der Condéer gingen. Der Schaden, den die republikanischen Einheiten auf dem linken Isarufer angerichtet hatten, wurde dagegen nur auf 14 135 Gulden und 42 Kreuzer beziffert[48].

Die Stadt wurde durch diesen raschen Rückzug von den drückenden Sorgen einer Hungersnot erlöst. Dennoch nahmen sowohl der Magistrat als auch die Regierung diese gerade noch ausgebliebene Gefahr zum Anlass, nun schnellstens die bereits seit langem vorbereitete Einrichtung eines Getreidemagazins zu verwirklichen. Dieses wurde bereits am 20. September 1796 im Stadthaus am Anger eingerichtet, um vor allem denjenigen Schichten der Stadt, die finanziell nicht zur eigenen Vorratshaltung in der Lage waren – und der Magistrat schätzte diese Schicht auf zwei Drittel aller Einwohner – in Notzeiten billig Getreide und andere Lebensmittelvorräte anbieten zu können[49]. Gleichzeitig stellte die Stadt auch Magazinraum zur Verfügung, um Privatleuten die Anlage von Lebensmittelreserven zu erleichtern.

---

[48] Tabelle Ueber die von den kondeischen und auch zum Theile k. k. Truppen verübten Schäden, StadtAM, Stadtverteidigung 291; Protocoll Respec[tive] Schulden-Beschreibung, StadtAM, Stadtverteidigung 288/1.
[49] Mandat v. 20.9.1796, abgedr. in: Sammlung, Bd. 5, S. 883 ff.

Die Ereignisse der letzten Tage hatten deutlich werden lassen, wie verletzlich München trotz aller Festungswerke doch war. Die Erkenntnis, dass die Wallanlagen des frühen 17. Jahrhunderts der Waffentechnik des späten 18. Jahrhunderts nicht mehr gewachsen waren, hatte vor allem den Grafen von Rumford dazu bewogen, die Entfestigung Münchens einzuleiten, um so der Stadt zugleich neue Entwicklungsmöglichkeiten zu eröffnen. Bereits im März 1791 hatte er mit der Niederlegung der Befestigung am Neuhauser Tor begonnen. Aus Angst vor einer Aufweichung der städtischen Jurisdiktions- und Wirtschaftsbefugnisse durch eine befürchtete Verlagerung etwa der Schranne vor die Wälle und aus Sorge um die Sicherheit der Stadt hatten jedoch Repräsentanten der Bürgerschaft den Kurfürsten im April 1791 gebeten, auf eine weitere Schleifung der Wallanlagen zu verzichten. Aufgrund der ablehnenden Haltung der Stadt, wegen fehlender Mittel zur Entschädigung der Grundbesitzer im Festungsbereich und infolge der seit 1792 bestehenden Kriegsgefahr waren vorerst weitere Abbruchmaßnahmen unterblieben. Dennoch hatte Kurfürst Karl Theodor am 2. Juni 1795 noch einmal

Ansicht des Karlsplatzes von der Feldseite, Aquarell von Franz Thurn, um 1791/1799

deutlich gemacht, »daß München keine Festung seie, seyn könne noch seyn solle«, dass die Festungseigenschaft der Stadt also bereits mit den Abbrucharbeiten am damaligen Neuhauser Tor faktisch aufgehoben worden war[50].

Graf von Rumford nutzte nun die während der Kämpfe vor München gemachten Erfahrungen, um seine städtebaulichen Ziele weiter voranzutreiben. Vor allem die äußeren Festungsteile und die auf ihnen angelegten Gartenanlagen erlaubten es feindlichen Truppen, sich der Stadt unbemerkt zu nähern und sich in den Wallanlagen festzusetzen. Sie erschwerten ebenfalls rasche Truppendurchzüge. Rumford ließ sich deshalb am 11. September, noch vor dem Abzug von Franzosen und Kaiserlichen, vom Landesdirektorium ermächtigen, die notwendigen Gegenmaßnahmen zu ergreifen. Dem Magistrat der Stadt machte er deutlich, »in welchen gefährlichen Drange, und unübersehbares Unglück die Stadt selbst dadurch kommen könnte, wenn ein oder die andere Armée sich bey den vielen winkelförmigen Krümmungen und Defensions-Linien an den Aussenwerken mit Gewalt zurückziehen müßte, wodurch die hießige Stadt nicht nur vielleicht einem Stunden lang anhaltenden Feuer, sondern auch selbst der Gefahr eines unmittelbaren Durchzuges durch die Stadt mit schröcklichen Folgen ausgesetzt seyn würde«[51]. Rumford beabsichtigte, das Gelände im unmittelbaren Vorfeld der Wälle räumen und zur leichteren Umfahrung der Stadt eine breite, verkehrstüchtige Straße anlegen zu lassen. Unter dem Eindruck der gerade überstandenen Gefahren erklärte sich nun auch der Magistrat mit den angestrebten Verbesserungsmaßnahmen einverstanden und sagte seine Mithilfe zu.

Bereits am 15. September, noch ehe sich die Stadt richtig von den Schrecken der letzten Tage erholt hatte, ließ Rumford die Straßenbauarbeiten durch Militärkolonnen unter dem Befehl Oberst von Hallbergs beginnen. Die auf der geplanten Wegstrecke liegenden Gartengrundstücke wurden enteignet, und die Gärten wurden gerodet, noch ehe die Besitzer Zeit zum Protest fanden oder ihre bewegliche Habe oder noch verwendbares Material in Sicherheit bringen

---

[50] Zit. nach: Lehmbruch, S. 17.
[51] Schreiben Graf von Rumfords an den Magistrat v. 13.9.1796, StadtAM, Stadtverteidigung 286; Abschrift in: StadtAM, Städtischer Grundbesitz 618.

konnten. Nicht einmal die Ernte ihrer Anpflanzungen durften sie einholen. Zwischen Schwabinger Tor und Isartor wurde im Verlauf der heutigen Straßenzüge Brienner Straße, etwa ab Wittelsbacherplatz, Ottostraße, westliche Fahrbahn der Sonnenstraße, Müllerstraße und Rumfordstraße ein etwa 14 Meter breiter Damm angelegt und auf diesem »die erste wirklich leistungsfähige und für damalige Verkehrsmittel ausreichende Umfahrung Münchens«[52], die die von Freising kommende Landstraße im Norden mit der zur Isarbrücke führenden Ausfallstraße im Osten der Stadt verband. Zu ihrer Verschönerung wurden zu beiden Seiten dieser Straße Pappelalleen gepflanzt. Auf die geplante Ringschließung im Nordosten zwischen Schwabinger Tor und Isartor wurde, obwohl der Stadtmagistrat bereits drei mögliche Varianten für den Verlauf vorgeschlagen hatte, wegen des unsicheren Geländes und der komplizierten Besitzverhältnisse im Lehel vorerst verzichtet. Um das Projekt rasch abschließen zu können, ließ Rumford auch während des Winters arbeiten, obwohl die Erde zeitweise über einen Meter tief gefroren war. Bereits am 16. Mai 1797 konnte die Ringstraße dem Verkehr übergeben werden.

Zur finanziellen Entschädigung der enteigneten Grundstücksbesitzer wurde bereits am 11. September 1796 eine eigene Kommission gebildet, die noch im Jahr 1811 Ausgleichsverhandlungen zu führen hatte. Obwohl die zunächst nur militärisch begründete Straßenanlage immer auch als wesentlicher Beitrag zur Verschönerung Münchens geplant und verstanden worden war, wehrte sich der Magistrat erfolgreich dagegen, sich an ihrer Finanzierung beteiligen zu müssen. Der Staat gab 1811 schließlich jedes Bemühen um eine städtische Mitfinanzierung mit der Begründung auf, dass die Ringstraße als eine Maßnahme der Landesdefension anzusehen sei.

Mit der Einebnung des Glacis, der streckenweisen Auffüllung des Festungsgrabens und dem Abkappen der Spitzen einiger Bastionen trug die Anlage der sogenannten »Rumfordchaussee« trotz ihrer militärischen Einwertung erheblich zur Minderung des Verteidigungswertes der Wallanlagen und damit zur Entfestigung Münchens bei. Dennoch ließen es die

---

[52] Lehmbruch, S. 19.

Plan von München und Umgebung mit der Rumfordchaussee, Kolorierte Handzeichnung von Joseph Pachmair, 1802/1803 (Kopie)

Erfahrungen der jüngsten Kriegsereignisse offenbar geraten erscheinen, auf die Schutzfunktionen der Befestigungen nicht völlig zu verzichten. Am 13. Oktober 1797 ordnete der Kurfürst daher an, dass im Bereich der Wälle und des Glacis keine Veränderungen mehr vorgenommen werden dürften und die beschädigten Festungsteile wieder hergestellt werden sollten, bekräftigte aber zugleich erneut, »daß München keineswegs als eine haltbare Vestung angesehen werden könne«[53].

Nachdem sich die Franzosen wieder aus Bayern zurückgezogen hatten, kehrte Kurfürst Karl Theodor am 5. Oktober nach München zurück, begrüßt von einer großen Menschenmenge, aus der jedoch kein einziger Jubel- oder Beifallsruf zu vernehmen war. Am folgenden Tag entließ der Kurfürst das Landesdirektorium wieder aus seiner Verantwor-

---

[53] Mandat Kurfürst Karl Theodors v. 13.10.1797, abgedr. in: Sammlung, Bd. 6, S. 157; vgl. Verordnung der Hauptkommandantschaft v. 5.4.1798, abgedr. in: Sammlung, Bd. 6, S. 169.

tung. Einem Waffenstillstand, den das Direktorium auf Drängen der Ständevertreter am 7. September in Pfaffenhofen mit Moreau abgeschlossen hatte, und der dem Land für seine Neutralität harte Bedingungen auferlegt hatte, verweigerte er die Anerkennung. Bis zum 17. Oktober wurden schließlich die drückenden Einquartierungen in München aufgehoben, und die Landestruppen konnten in ihre alten Standorte zurückkehren. Der Graf von Rumford legte das Oberkommando über die Stadt wieder nieder.

DER NEUE LANDESHERR

Um den Österreichern, die über den Pfaffenhofener Vertrag verärgert waren, keinen Grund für Repressalien zu bieten, sagte Karl Theodor ihnen zu, im Frühjahr 1797 wieder ein pfalz-bayerisches Kontingent für den Krieg gegen Frankreich bereitzustellen. Bayern blieb zwar in diesem Jahr von direkten Kampfhandlungen verschont, dennoch hatte es weiterhin immer wieder Truppendurchmärsche und Einquartierungen von Heeresverbänden des Kaisers und seiner Verbündeten zu erdulden. Am 17. Oktober 1797 schloss Österreich schließlich mit Frankreich in Campo Formio einen Separatfrieden, der in einem geheimen Zusatzabkommen Frankreich das linke Rheinufer zugestand und österreichische Gebietserwerbungen östlich des Inns, und damit auch auf Kosten Bayerns, vorsah. Um für das Reich einen Frieden auszuhandeln, tagte seit dem 9. Dezember 1797 ein Kongress in Rastatt.

Die fortgesetzt expansive Politik Frankreichs veranlasste jedoch im Lauf des Jahres 1798 England, Rußland, Portugal, das Osmanische Reich und Österreich, sich zu einer neuen Koalition zusammenzuschließen. Auch Kurfürst Karl Theodor trat dieser Koalition bei und unterstellte am 12. November 1798 pfalz-bayerische Truppen in einer Stärke von 15 000 Mann österreichischem Oberbefehl. Das geschah einerseits sicherlich aus der Angst heraus, im Verweigerungsfalle Österreich zu einer Annexion seines Kurfürstentums zu provozieren. Auf der anderen Seite konnte man von dem alternden Herrscher, erst recht nach seinen bisherigen Erfahrungen mit der unbotmäßigen Bevölkerung seiner Residenzstadt, keinerlei Sympathie für das Frankreich der Revolution erwarten. Er fürchtete zudem, dass ihn sein ungeliebter Thronerbe, der reformfreudige und frankophile Herzog von Pfalz-Zweibrücken, mit französischer Hilfe um die Regierungsgewalt bringen könnte. Da erschien die Anlehnung an den Kaiser noch als das geringere Übel. Erneut wurden nun, zum Leidwesen der einheimischen Bevölkerung, kaiserliche Truppen nach Bayern verlegt. Bereits im Frühjahr 1799 standen über

100 000 Österreicher im Land, die sich wie feindliche Besatzungstruppen aufführten. Das kurfürstliche Truppenkontingent wurde unter die österreichischen Einheiten aufgeteilt und fiel damit auch diesmal als eigenständiger Machtfaktor aus.

Wieder rief die Haltung des Kurfürsten Kritik in seinen Landen hervor, nicht zuletzt auch in München, das ja mit den Österreichern schlimmere Erfahrungen gemacht hatte als mit den republikanischen Franzosen. Wieder war die persönliche Umgebung Karl Theodors Ziel von Schmähschriften, so wurden der Fürst von Bretzenheim und Wilhelm Karl Graf von Leiningen-Guntersblum, ein Schwiegersohn des Kurfürsten, im März 1798 mit Pamphleten angegriffen, die man direkt an die Mauern der Residenz heftete. Vor allem wurde die Anlehnung Karl Theodors an Österreich immer wieder Gegenstand der Kritik. Ganz offen riefen nun Flugschriften nach der Republik, die die im Kurfürstentum bestehenden Ungerechtigkeiten und politischen Erstarrungen beseitigen sollte. An Frankreich wurde appelliert, diese Bestrebungen zu unterstützen. Eine im Frühjahr 1799 erschienene Schrift versicherte in völliger Verkennung der tatsächlichen Revolutionsbereitschaft: »es bedarf nur der französischen Bajonette, und in der Zeit von vier Wochen sind sie ins Herz von Bayern vorgedrungen und in München als dem Hauptplatz und wo alles am meisten reif und bereitsteht. Dann entwickelt sich alles von selbst«[54].

Inzwischen war jedoch Kurfürst Karl Theodor am Nachmittag des 16. Februar 1799 verstorben, nachdem ihm am Abend des 12. Februar der Schlag getroffen hatte. Sein Ableben rief in München keine Trauerstimmung hervor. Als sich die Todesnachricht verbreitete, »frohlockte alles, und jeder wünschte dem andern Glück«[55]. Ganz anders dagegen wurde Karl Theodors Nachfolger begrüßt. Da der Verstorbene keine legitimen Nachkommen hatte, wurde Herzog Maximilian Joseph von Pfalz-Zweibrücken, ein Neffe Karl Theodors, der

---

[54] Über Süddeutschland. Von einem süddeutschen Bürger im Monat Oktober 1798 dem französischen Gouvernement zur Beherzigung vorgelegt, Nürnberg 1799, abgedr. in: Jakobinische Flugschriften, S. 224 ff., Zitat S. 230.

[55] Tagebucheintrag Lorenz von Westenrieders v. 16.2.1799, abgedr. in: Kluckhohn, 1. Abt., S. 62.

Kurfürst Max IV. Joseph von Pfalz-Bayern, Aquatinta-Radierung von Joseph Rauschmayr nach einem Gemälde von Moritz Kellerhoven, um 1800

Erbe des gesamten wittelsbachischen Territorialbesitzes. Noch am gleichen Tag übernahm dieser als Kurfürst Maximilian IV. Joseph »die wirkliche Regierung in allen ... von Ihro hochseligen Liebden besessenen pfalzbaierischen Landen«[56], begleitet von den Freudenbekundungen der Münchner, »und

---

[56] Besitzergreifungspatent Kurfürst Max IV. Joseph v. 16.2.1799, StadtAM, BuR 60 A 10 und 125/3.

das Jubelgeschrey, und das Vivatrufen des Volks ... durch-
drang die Wolken ... Am freudigsten gieng es ... in den
Wirthshäusern zu. Man hatte ... nur Eine Gesinnung und man
zerstiess sich taumelnd die Gläser in den Händen, um selbe
recht zu bekräftigen«[57]. Am 20. Februar traf der neue Kurfürst
unter dem Jubel der Bevölkerung in München ein. Der offizi-
elle Einzug der kurfürstlichen Familie erfolgte am 12. März
durch das festlich geschmückte Karlstor, vor dem eine mit
einem allegorischen Gemälde geschmückte Triumphpforte
errichtet war. Hier überreichten sechs Deputierte von Magistrat und Bürgerschaft dem neuen Landesherrn die Schlüssel
zur Stadt. Auch bei diesem Anlass war der Jubel der Münchner unbeschreiblich, denn alle hofften auf eine positive Wen-
dung in der landesherrlichen Politik.

Die außenpolitische Entwicklung ließ dafür zunächst aber
keinen Raum: Bereits am 1. März 1799 hatten französische
Truppen den Rhein überschritten, und österreichische Truppen trieben gegen Ende April den Rastatter Friedenskongress
auseinander. Der 2. Koalitionskrieg hatte begonnen. Trotz
aller persönlicher Sympathien für Frankreich hatte Kurfürst
Max Joseph angesichts der militärischen Präsenz Österreichs
in seinen Landen keine andere Wahl, als in der Koalition
gegen Frankreich zu verbleiben. Gegen die Stellung von
zusätzlichen 20 000 Mann, die über das Reichskontingent
hinaus gingen, gelang es sogar, im März 1800 englische Sub-
sidiengelder zu erhalten, und in deren Folge schließlich im
Juli 1800 sogar die Garantie Englands für den bayerischen
Besitzstand.

Die Enttäuschungen in der Bevölkerung über diesen Kurs
waren riesig. Unter den ohnehin systemkritischen Kreisen
des ständischen Adels und des liberalen Bürgertums entfachten sie eine große Empörung, die sich erneut in einer regen
Flugschriftenpropaganda entlud. Der neue Landesherr schien
die Politik der Karl-Theodor-Zeit fortsetzen zu wollen, und
diese Vermutung ließ alle regierungsfeindlichen Tendenzen
der letzten Jahre wieder aufleben. München war naturgemäß
das Zentrum dieser oppositionellen Bewegung, die zwischen
Forderungen nach einer landständischen Reform und dem
Ruf nach der Republik schwankte und sich über die

---

[57] Tagebucheintrag Lorenz von Westenrieders v. 16.2.1799, abgedr. in:
Kluckhohn, 1. Abt., S. 62.

44

»schimpflichen Fesseln« ereiferte, »die Bayern an Österreich gekettet hielten«[58]. Wie sehr sich das Meinungsbild seit dem Regierungsantritt Max Josephs vor allem durch die Bündnispolitik und das Subsidienabkommen mit England gewandelt hatte, brachte eine im Frühjahr 1800 verfasste Flugschrift deutlich zum Ausdruck: »Durch diese Maßregel verlor die Regierung noch den kleinen Rest des Zutrauens, den ihr das Volk geschenkt hatte, und brachte die Gesinnungen zur Reife, die man nun als die öffentliche Stimmung ansehen kann, nämlich: Geringschätzung gegen den Kurfürsten, Haß gegen die herrschenden Minister«[59]. Eine andere Publikation geißelte mit scharfen Worten eine Politik, die »für auswärtige Präsente« die Bauernsöhne des Landes »auf die Schlachtbank« führe. »Der Bauer zahlt ja mit seinem Geld und Blute immer allein die Zeche, sie mag auch kosten, was sie wolle«[60].

[58] Die Stimme der öffentlichen Meinung über Max Joseph, Kurfürsten von Baiern. Eine Skizze, München (?) 1800, abgedr. in: Jakobinische Flugschriften, S. 283 ff., Zitat S. 283.

[59] Ebd., S. 286.

[60] Umschlag oder Appendix zu allen gegenwärtigen und künftigen Präliminarien, bittlichen Vorstellungen, Bundbriefen und bayerischen Landtagsschriften, nebst ihren Erläuterungen, Beilagen, Prüfungen, Briefen und Gesprächen darüber etc., etc., München 1800, abgedr. in: Jakobinische Flugschriften, S. 251 ff., Zitat S. 265.

UNTER REPUBLIKANISCHER BESATZUNG

Als die französische Armee unter der Führung des Ersten
Konsuls Napoleon Bonaparte mit dem Jahr 1800 zur Offensi-
ve überging, wurde der Krieg erneut zu einer Bedrohung für
Bayern. Im März dieses Jahres wurden zur Kriegsfinanzie-
rung zunächst neue Steuern ausgeschrieben und zur Er-
höhung der Truppenstärke neue Konskriptionen vorgenommen. In München verbreitete sich daraufhin sofort das
Gerücht, dass infolge des Subsidienvertrags mit England nun
auch Münchner Bürgersöhne ausgehoben werden müssten,
um die notwendige Mannschaftszahl zu erreichen. Kurfürst
Max Joseph sah sich infolge der Unruhe, die dadurch in der
Stadt entstand, am 26. April veranlasst, die Behauptung
durch den Polizeidirektor Anton Baumgartner dementieren
zu lassen, und dem Stadtrat zu versichern, dass er die Aus-
nahmeprivilegien seiner Haupt- und Residenzstadt bei der
Truppenaushebung keineswegs verletzen wolle.

Am 26. Mai wurde schließlich eine neue Aushebung be-
fohlen, um aus diesen Rekruten zusammen mit erst kürzlich
entlassenen Soldaten und den nicht zur kaiserlichen Armee
abkommandierten Truppenteilen eine sogenannte »Landes-
Defensions-Legion« zu bilden, die in München zusammengezogen wurde und zu deren Oberbefehlshaber Herzog Wilhelm von Pfalz-Zweibrücken-Birkenfeld-Gelnhausen, der
Schwager des Kurfürsten, ernannt wurde[61]. Erneut füllte sich
die Stadt mit Truppen, die zum größten Teil nur sehr unzu-
reichend ausgerüstet waren und wenig soldatischen Eifer an
den Tag legten. Da die vorhandenen Kasernen für die Unter-
bringung der Mannschaften nicht ausreichten, musste die
Stadt im Seidenhaus und im Lehel für Quartier sorgen.

Inzwischen hatte General Moreau am 1. Mai 1800 mit einer
Armee von 100 000 Mann den Rhein überschritten und war
nach Osten marschiert. Während er den kaiserlichen Truppen vor Ulm gegenüberstand, entsandte er ein Armeekorps

---

[61] Mandat Kurfürst Maximilians IV. Joseph v. 26.5.1800, StadtAM, BuR 60 A
10.

unter General Claude-Jacques Lecourbe an den Lech, um Augsburg und Landsberg zu besetzen. In München rief diese Nachricht große Besorgnis hervor, zumal sich Gerüchte verbreiteten, dass Moreau nun die Kontribution eintreiben werde, die ihm im Pfaffenhofener Vertrag zugesagt, von Kurfürst Karl Theodor aber verweigert worden war. Als ein französischer Erkundungstrupp, den man bereits für das herannahende Heer hielt, am 29. Mai bei Inning am Ammersee gesichtet wurde, geriet die Stadt in helle Aufregung, da man mit einem solch schnellen Vormarsch der Franzosen nicht gerechnet hatte[62]. Der Kurfürst, der noch am Vormittag einer städtischen Deputation beruhigend versprochen hatte, »sich selbst nicht, die äusserste Gefahr ausgenommen, zu entfernen«[63], flüchtete sich sofort mit seinem Hof nach Landshut. Die Militärbefehlshaber richteten sich auf die Kapitulation Münchens ein. Als sich dann jedoch herausstellte, dass die feindliche Armee den Lech noch nicht überschritten hatte, beruhigten sich die Gemüter wieder, und der Hof kehrte am 1. Juni in die Haupt- und Residenzstadt zurück.

Im Juni näherte sich die französische Streitmacht aber nun tatsächlich der Stadt, und die westlich von München stehenden Österreicher unter Maximilian Graf von Merveldt sahen sich zum Rückzug gezwungen. Erneut war der Vormarsch der Franzosen von gewaltsamen Requirierungen, Plünderungen, mutwilligen Zerstörungen und Exzessen gegenüber der Landbevölkerung begleitet. Viele Bauern flüchteten sich mit ihren Habseligkeiten hinter die Wälle Münchens, andere versuchten, sich den Übergriffen gewaltsam zu widersetzen. Immer wieder kam es daher zu Anschlägen auf französische Truppen. Der Rückzug der Österreicher geschah unter nicht wesentlich besseren Bedingungen, auch hierbei ereigneten sich ähnliche Ausschreitungen. In München wuchs die Angst, dass die Stadt von den Kaiserlichen besetzt werden könnte und damit Gefahr lief, von den Franzosen beschossen und mit Gewalt erstürmt zu werden. Auf Bitten des Magistrats versicherte daher der Kurfürst am 18. Juni, dass er

---

[62] Ratssitzungsprotokoll v. 30.5.1800, fol. 134 v., StadtAM, RP 200/2; Fahrmbacher, Franzosennot, S. 12, nennt den 27. Mai, Destouches, Urkundliche Beiträge, S. 63, den 28.

[63] Protokoll des permanenten Rats v. 29.5.1800, StadtAM, Stadtverteidigung 296a.

einem Einmarsch seiner österreichischen Verbündeten in seine Haupt- und Residenzstadt keinesfalls zustimmen werde[64]. Als die Österreicher am 28. Juni auf dem Galgenberg vor der Stadt Kanonen postierten, wurde eine städtische Deputation zu ihnen abgeordnet, die in Erinnerung an die Ereignisse von 1796 darum bat, sich zur Schonung Münchens auf kein Gefecht mit den Franzosen einzulassen. Tatsächlich zogen sich die Kaiserlichen, abgesehen von einigen Scharmützeln bei Moosach, kampflos bis in die Gegend von Riem zurück.

Nachdem eine Kriegskonferenz am 21. Juni festgestellt hatte, dass München aufgrund des Zustands der Wallanlagen nicht zu verteidigen war, verließ der Kurfürst mit seinem gesamten Hofstaat die Stadt am 27. Juni in einem Tross von über 30 Kutschen. Die Regierungsgewalt hatte er einem bereits am 28. Mai gebildeten Generalhofkommissariat, bestehend aus den Ministern Johann Wilhelm Freiherr von Hompesch-Bollheim, Johann Friedrich Freiherr von Hertling und Theodor Heinrich Reichsgraf von Topor-Morawitzky, sowie dem Präsidenten der Generallandesdirektion Joseph August Reichsgraf von Toerring-Gronsfeld, übertragen. Zur Regelung von Kriegsfragen wurde wieder eine Kriegsdeputation errichtet, deren Leitung der Freiherr von Weichs übernahm. Seine provisorische Residenz schlug der Kurfürst in Amberg auf. Die Landes-Defensions-Legion sollte ihm am nächsten Tag folgen. Als am Abend jedoch starker Kanonenlärm aus der Gegend von Dachau und Schwabhausen her das Herannahen der Franzosen ankündigte, machten sich die Truppen überstürzt zum Abmarsch bereit. Bereits um Mitternacht hatte der letzte Mann die Stadt verlassen. Zurück blieben lediglich die Trabanten-Leibgarde zur Sicherung der Residenz und Chevaulegers als Schlossgartenwache in Nymphenburg. Die Bewachung Münchens lag nun in den Händen der 315 Mann des Bürgermilitärs unter dem Kommando von Major Klemens Magg und dessen Geschäftsführer Lipowsky.

Die Einwohnerschaft der Stadt wurde am folgenden Tag dazu aufgefordert, »daß sie selbst die nothwendig werdenden Maßregeln durch Widersetzlichkeit nicht stören, sich bei Ankunft fremder Truppen aller Zusammenrottirungen und Thät-

---

[64] Mandat Kurfürst Maximilians IV. Joseph v. 18.6.1800, StadtAM, Stadtverteidigung 296a.

48

lichkeiten enthalten, und in allen Vorfällen mit Bescheiden-
heit, männlicher Standhaftigkeit, und Treue gegen ihren Lan-
desfürsten dessen Erwartung … entsprechen«[65]. Diese Mah-
nung zur Besonnenheit war aber gar nicht notwendig. Die
Franzosen hatten sich vier Jahre zuvor eher wohlgesinnt
gezeigt, so dass ihr damaliger Aufenthalt keine schlechten
Erinnerungen hinterlassen hatte. Man sah dem kommenden
Einmarsch daher mehr neugierig als besorgt entgegen. Dennoch sandte man dem General Jean-Louis Debilly eine städtische Delegation nach Moosach entgegen, die die Versicherung erhielt, dass München schonend behandelt werde.

Als sich General Charles Decaën mit seinen 4 000 Mann an
der Spitze der französischen Armee dem Karlstor um die Mit-
tagszeit näherte, war er sehr erstaunt über die zahlreichen
Münchner, die ihm bis weit vor die Stadt heraus entgegenge-
eilt waren. Vor dem Tor paradierte, wie der Maler Michael
Huber berichtete, »die Bürgerliche Chavallerie als auch die
Infanderie … und rierten die Spille, dann finge auch die fran-
zö[sische] Musik an, und so zogen die franzo[sen] mit Klin-
genten spiell und brenenten Lunten … in München ein«.
Auch in den Straßen der Stadt drängten sich die neugierigen
Münchner zu Tausenden, sehr zur Verwunderung der Franzosen, »dann wo sie anderwärtig einzogen, sahen sie oft
nicht einen Menschen auf der Gasen, und hier konnten sie
kaum vor den Volck Marschiern«[66].

Nach diesem militärischen Schauspiel wurden die französischen Soldaten in den Kasernen der Stadt einquartiert,
während die etwa 300 Offiziere mit ihrem Gefolge in Privat-
häusern unterkamen. Die Zahl der Einquartierten war so
hoch, dass sie von den Bürgern als drückend empfunden
wurde. So musste Johann Christian von Mannlich, der Direk-
tor der kurfürstlichen Gemäldegalerie, fünf Mann in seine
Wohnung aufnehmen, die nach eigener Aussage kaum für
ihn und seine Dienstboten ausreichte[67]. General Decaën
selbst logierte im Palais des Grafen von Rheinstein und Tattenbach in der heutigen Theatinerstraße, zog aber bereits

[65] Verruf v. 28.6.1800, StadtAM, Stadtverteidigung 314.
[66] Tagebuch des Gallerie-Inspectors und Malers M. Huber, 28.6.1800, Stadt-
AM, HV Manuskripte 357; die abweichende Schilderung bei Fahrmbacher, S. 18 ff., ist wohl eher vom Hass auf Frankreich zur Entstehungszeit
dieses Buches geprägt.
[67] Mannlich, S. 474.

zwei Tage später in das Jagdschloss Neuhausen um. Das Hauptquartier wurde in Nymphenburg aufgeschlagen. Zum Platzkommandanten wurde Oberst Jean-Marie Ritay ernannt. Zur Beruhigung der Münchner sollte der Wachdienst gemeinsam von den Franzosen und dem Bürgermilitär versehen werden. Magg wurde in seinem Amt als Platzmajor bestätigt. Sogar die kurfürstlichen Wachen vor der Residenz und in Nymphenburg durften ihren Dienst weiter verrichten, sie mussten lediglich ihre Gewehre abgeben.

Ganz unproblematisch verlief die Besetzung Münchens dennoch nicht. Artillerieoberst La Valette ließ sogleich nach dem Einmarsch Bestände des kurfürstlichen Zeughauses, dessen rechtzeitige Räumung man versäumt hatte, im Wert von über 100 000 Gulden beschlagnahmen. Soldaten und Offiziere begannen sofort mit wilden Requisitionen. Obwohl sie die Ausstellung von Bescheinigungen verweigerten und damit keine Aussichten auf Entschädigungen bestanden, wurde ihnen das Geforderte aus Angst vor weiteren Exzessen zumeist gewährt. Am Abend fanden in allen Gaststätten große Saufgelage statt, in deren Folge es zu zahlreichen Überfällen, Raubzügen und Einbruchsversuchen kam. In den Privatquartieren ließen sich Offiziere und ihr Gefolge auf Kosten ihrer Quartiergeber üppig bewirten. Stadtkommandant Ritay verbot daraufhin seinen Soldaten am nächsten Tag den Wirtshausbesuch nach 9 Uhr abends. General Decaën ermahnte die Truppen in einem Divisionsbefehl vom 30. Juni 1800 unter Androhung strengster Strafen zur Disziplin und drückte dabei die Hoffnung aus, »daß die Franzosen, mit Ruhm bedekt, nicht ihre Lorbeern werden verwelken machen, indem sie friedliche und Waffenlose Menschen unterdrüken«[68]. Dennoch hörten willkürliche und gewaltsame Requisitionen und Ausschreitungen unter Alkoholeinfluss auch in der folgenden Zeit nicht auf, so dass die Soldaten wiederholt zur Ordnung gerufen werden mussten. Zu leiden hatten unter diesen Disziplinlosigkeiten nicht zuletzt auch die umliegenden Dörfer, in denen französische Truppenteile einquartiert wurden: Der Schleißheimer Galerieaufseher und Maler Michael Huber wusste in seinem Tagebuch von fast täglichen Lebensmittelforderungen, Übergriffen und Räubereien zu berichten.

---

[68] Divisionsbefehl v. 30.6.1800, StadtAM, Stadtverteidigung 314.

General Jean-Victor Moreau, Stahlstich von Charles François Gabriel Levachez nach einem Gemälde von François Gérard, 1800/1801

Der französische Oberbefehlshaber Moreau traf am 30. Juni in Nymphenburg ein[69]. Eine städtische Delegation unter der Leitung des Stadtsyndikus Joseph Michael von Barth machte sich in Begleitung des preußischen Gesandten Heinrich Wilhelm Harnier auf den Weg zu seiner Begrüßung und wurde von ihm in der Amalienburg sehr wohlwollend empfangen. Auf Vermittlung Harniers gestand Moreau der Stadt zu, dass die zwei Millionen Livres, die General Decaën München am Vortag als Kontribution auferlegt hatte, in die Gesamtkontribution eingerechnet werden durften, die er von Bayern noch geltend machen werde. Auf dem Rückweg traf die städtische Delegation auf die nach Nymphenburg eilende Abordnung des Generalhofkommissariats, der man erst verspätet von der Ankunft des Oberkommandierenden berichtet hatte. Die Vertreter der Regierung waren sehr verärgert darüber, dass die Abgesandten der Stadt vor ihnen empfangen worden waren, zumal sie selbst erst am folgenden Tag eine Audienz erhielten.

Am 1. Juli kam General Moreau erstmals nach München. Er begab sich sofort in das Hoftheater, um sich dort eine Aufführung der »Zauberflöte« anzusehen, die man auf seinen Wunsch hin arrangiert hatte. Am folgenden Tag veranstaltete er eine Truppenbesichtigung auf dem Paradeplatz, dem heutigen Promenadeplatz. Am 3. Juli befehligte er im Osten der Stadt kleinere Gefechte mit den Österreichern. Zwei Tage später verlegte er sein Hauptquartier in das Palais von Herzog Wilhelm in der heutigen Theatinerstraße.

Seit dem 4. Juli befand sich auch der Generalkommissar der Rheinarmee Mathieu Faviers in München, der von hier aus die Versorgung der Armee organisierte. Bereits am 7. Juli ließ Faviers eine große »Ochsen-Konkurrenz« veranstalten. Jeder, der in der Stadt noch ein Stück Schlachtvieh besaß, musste es an die Franzosen abgeben. Natürlich wurde daraufhin sofort das Fleisch knapp, und im Gegenzug stiegen die Fleischpreise. Schlachtochsen mussten nun teilweise für teueres Geld sogar aus dem Bayerischen Wald bezogen werden. Diese Situation war besonders fatal für die Haushalte, die Einquartierungen hatten und verpflichtet waren, ihren

---

[69] Die Datierung auf den 1. Juli bei Destouches, S. 65, ist falsch, vgl. Entwurf eines Schreibens an das Generalhofkommissariat v. 1.7.1800, Stadt-AM, Stadtverteidigung 310.

Quartiernehmern jeden Tag eine festgelegte Portion an Fleisch bereitzustellen. Am 9. Juli folgte die Erfassung von Getreide. Da die klösterlichen und adeligen Haushalte bisher von Abgabeverpflichtungen ausgenommen gewesen waren, fand die Lieferungskommission dort ausreichende Vorräte, so dass die Privathaushalte geschont werden konnten. Dennoch hatte auch diese Requirierungsmaßnahme eine Verknappung des Getreideangebots und damit eine Verteuerung der Backwaren zur Folge. Sehr ärgerlich war es in dieser Situation, dass Besatzungssoldaten immer wieder Teile ihrer Verpflegung oder Magazinbestände an die Münchner Bevölkerung weiterverkauften und so den Versorgungsbedarf erhöhten. Durch Verbote ließ sich diese Schwarzmarktpraxis nicht abstellen, da sie der Bevölkerung einen gewissen Ausgleich für die mangelhafte und überteuerte reguläre Marktlage bot. Von den verschiedenen Versorgungsaktionen der französischen Armee war natürlich nicht nur München betroffen. Auch das umliegende Land wurde vom Hauptquartier Faviers ständig zur Lieferung von Lebensmitteln und Ausrüstungsmaterialien verpflichtet, so dass es in den umliegenden Dörfern immer wieder hieß: »Alles schlechte kommt von München«[70]. Hinzu kamen beständig eigenmächtige Requisitionen einzelner Truppenteile oder Soldaten, die sich trotz wiederholter Verbote durch Moreau nicht abstellen ließen.

Es waren aber nicht nur Einquartierungen und Requisitionen, die München belasteten: Moreau hatte Pfalz-Bayern eine riesige Kontribution auferlegt. Zwar gelang es dem preußischen Gesandten, auf Bitten des Generalhofkommissariats die ursprünglich geforderte Summe von acht Millionen Livres auf sechs Millionen Livres oder 2 750 000 Gulden herunterzuhandeln, aber auch das war noch eine ungeheure Summe, die innerhalb von 50 Tagen zu entrichten war. Zunächst wurde das Kirchensilber mit Ausnahme der zum Gottesdienst unentbehrlichen Geräte zur Beschaffung dieser Summe herangezogen. Aus den Münchner Kirchen wurden Silbergeräte im Gesamtwert von 23 584 Gulden und 43 Kreuzern abgeliefert, fast die Hälfte davon allein aus der Liebfrauenkirche[71]. Um den der Münchner Bürgerschaft auferlegten Anteil von 120 000 Gulden an der Gesamtsumme zu

---

[70] Fahrmbacher, S. 39.
[71] Specification v. 17.9.1800, StadtAM, Stadtverteidigung 305.

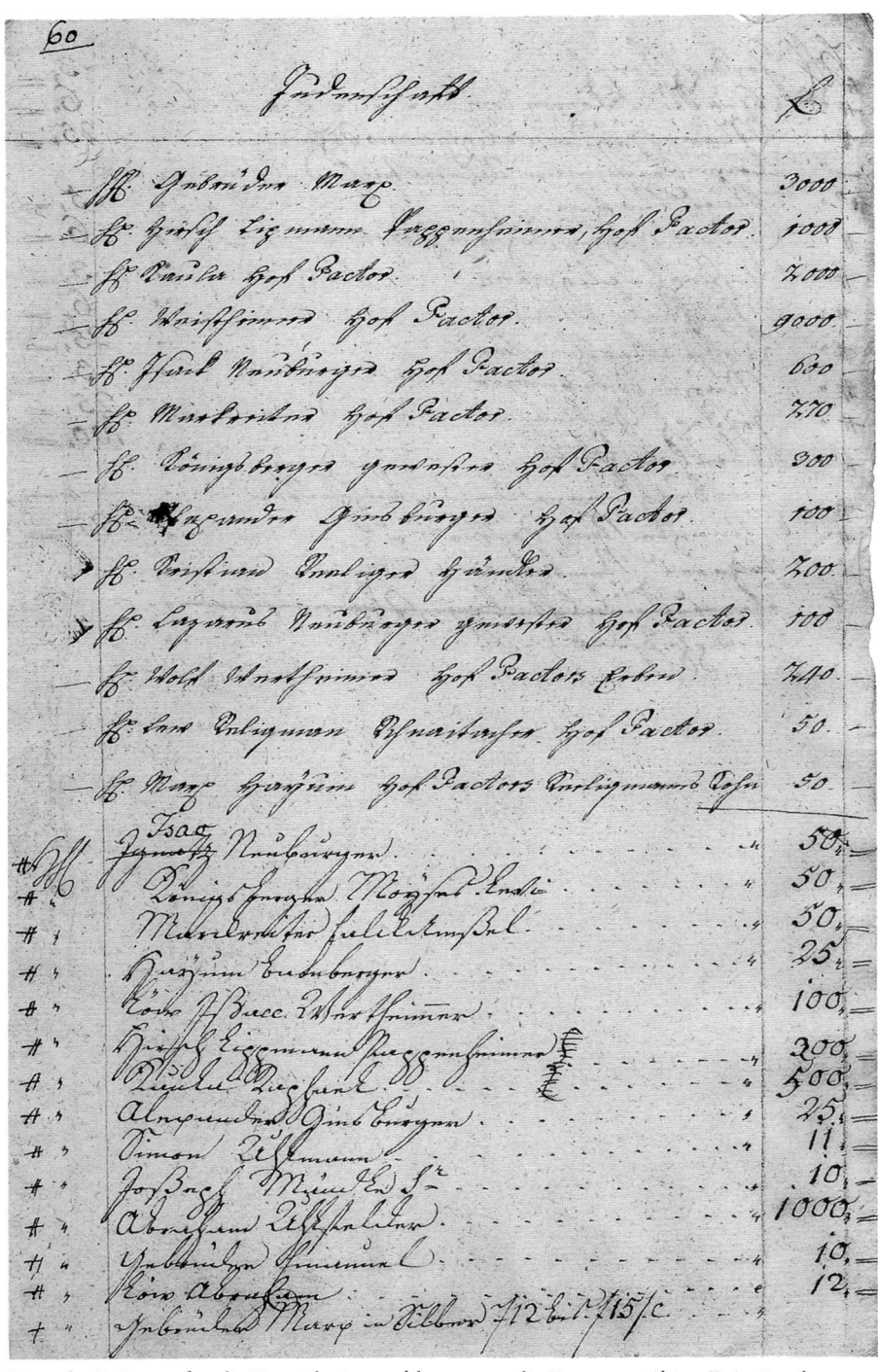

Liste der Beiträge für die Kontributionszahlungen an die Franzosen (hier: Beiträge der Münchner Juden), 1800

beschaffen, wurde eine Kommission gebildet, die ohne Ausnahme in jedem Haushalt erfassen sollte, welcher mehr oder weniger freiwillige Beitrag beigesteuert werden konnte. Die geleisteten Zahlungen konnten dann mit für später geplanten Sondersteuern verrechnet werden. Auf diese Weise gelang es zumindest, knapp vier Millionen Livres einigermaßen fristgerecht an die Franzosen zu zahlen. Für die noch ausstehenden zwei Millionen Livres waren auch bei den großen Münchner Bankhäusern keine Kredite zu erhalten. Erst ein Wechsel des jüdischen Hoffaktors und Bankiers Josel Westheimer sorgte schließlich doch für die rechtzeitige Zahlung der geforderten Gesamtkontribution.

Der französische Kunstkommissar François-Marie Neveu hielt sich seit Anfang August in München auf, inspizierte die kurfürstlichen Gemäldegalerien am Hofgarten und in Schleißheim, die man trotz der Warnungen ihres Direktors nicht in Sicherheit gebracht hatte, und suchte sich dabei Gemälde aus, die er für den Abtransport nach Paris vorsah. Neveu sagte dafür zwar Ersatz aus den Pariser Sammlungen zu, aber daran glaubte natürlich niemand. Galeriedirektor von Mannlich gelang es, das Augenmerk des Franzosen wiederholt auf die in München weniger geschätzten Gemälde italienischer Manieristen und Frühbarockmaler zu richten, dennoch befanden sich unter den 72 beschlagnahmten Gemälden auch einige der zentralen Kunstwerke der Galerie. Aus Schleißheim wurden 65 Gemälde abtransportiert[72]. Der Hofbibliothek ließ Neveu 49 kostbare Druckwerke und 15 Handschriften für die Pariser Nationalbibliothek entnehmen. Erst 1815 kehrte die größte Zahl dieser Bilder und Bücherschätze wieder an ihren angestammten Standort zurück. Systematisch geplündert wurde auch das kurfürstliche Zeughaus. Bis in den Oktober hinein wurden Waffen und Ausrüstungsgegenstände im Gesamtwert von 943 000 Gulden weggeführt. Selbst das im Köglmühlbach versteckte Kugelblei wurde durch den Verrat eines französischen Emigranten entdeckt und konfisziert.

Die Quartiersituation in München verschlechterte sich, als am 9. Juli die Division Grandjean als zweite französische

---

[72] Tagebuch des Gallerie-Inspectors und Malers M. Huber, 26.8.1800, Stadt-AM, HV Manuskripte 357; Mannlich, S. 477, nennt die Zahl von 104 beschlagnahmten Gemälden in Schleißheim.

Division eintraf. Zwar campierten die Soldaten außerhalb der Umwallung, aber für die Offiziere und ihr Gefolge musste in der Stadt Unterkunft geschaffen werden. Am 12. Juli folgte die Division Leclerc, die bei Haidhausen Stellung gegenüber der bei Hohenlinden lagernden kaiserlichen Hauptarmee bezog. Bereits am folgenden Tag schlossen sich ihr die Divisionen Decaën und Grandjean an, während zugleich das Hauptquartier ins Kloster Lilienberg in der Au verlegt wurde. In München wuchs nun die Angst vor einer Schlacht, die auch die Stadt in Mitleidenschaft ziehen könnte. Beide Seiten handelten aber bereits am 15. Juli in Parsdorf einen Waffenstillstand aus, der die von den Franzosen besetzten Gebiete vorerst in deren Händen beließ. Am 16. Juli rückten daher die französischen Truppenteile wieder in ihre alten Stellungen zurück. Das Hauptquartier wurde nach Nymphenburg zurück verlegt, und erneut nahmen Generalität und Offiziere in der Stadt Quartier.

München musste sich nun auf eine längere Besatzungszeit einstellen. Die beiden Ratsgremien, die bereits am 14. Mai aus ihrer Mitte jeweils vier Mitglieder für einen permanenten Rat erwählt hatten, um die durch die Besetzung verursachten außerordentlichen Ratsgeschäfte flexibler führen zu können, nahmen daher ihre gewohnte Sitzungstätigkeit mit dem 25. Juli wieder auf[73]. Von einer Rückkehr zum Alltagsgeschäft konnte in der Stadt allerdings keine Rede sein, denn Quartier- und Verpflegungsforderungen der Franzosen bedrückten die Bevölkerung nach wie vor noch schwer. Die Quartieramtskommissare beklagten ständig ihre Überlastung. Allmählich wurde nun das Bier knapp. Als Faviers am 24. Juli eine große »Bier-Konkurrenz« veranstalten ließ, konnten die geforderten 2000 Eimer Bier nur dadurch erbracht werden, dass auch die Klöster der Stadt in die Requirierungsmaßnahme mit einbezogen wurden. Die Nonnen des Angerklosters ließen zwar ihren Bierkeller vermauern und leugneten jeden Bierbesitz; sie wurden jedoch verraten, so dass der gesamte Kellerinhalt beschlagnahmt wurde. Um den künftigen Bierbedarf zu decken, ordnete das Generalhofkommissariat an, dass die Bierbrauer sofort mit dem Einsieden des Winterbieres beginnen sollten.

---

[73] Zirkular v. 23.7.1800, StadtAM, BuR 34; Ratssitzungsprotokoll v. 25.7.1800, fol. 6 v., StadtAM, RP 200/3.

»Patriotische« Bestrebungen

Trotz aller Belastungen war von Franzosenfeindlichkeit in der Stadt wenig zu spüren. Selbst regierungstreue Münchner sahen sich durch die republikanischen Soldaten immer noch besser behandelt als durch die verbündeten Österreicher. Oppositionelle und regimekritische Kreise zeigten ohnehin Sympathien für die französische Streitmacht und sahen in den Belastungen und Exzessen der Besatzung lediglich die unausbleiblichen Folgen einer verfehlten Politik, die Pfalz-Bayern an der Seite Österreichs hielt. Als deutlich wurde, dass ein Friedensschluss trotz des Waffenstillstands noch in weiter Ferne stand, wuchs der Unmut über die Haltung des Kurfürsten. Neue Flugschriften schlugen radikalere, republikanische Töne an. Eine »Danksagungsadresse von der bayerischen Nation an Max Joseph IV.« kritisierte eine Politik, die das Land an der Seite des verhassten Nachbarn zum Krieg zwang gegen die »freiheitliebenden, dagegen Fürsten, Adel, Pfaffe[n] und alle Volksquäler hassenden Franzosen«[74]. Am heftigsten wütete sie erneut dagegen, dass sich Pfalz-Bayern zur Stellung eines höheren Truppenkontingents verpflichtet hatte, »weil England einige Millionen Geld, das weise Fürsten nicht ausschlagen und höher als das Blut der Untertanen schätzen müssen, welches keinen Wert hat, wohl aber den Grund und Boden düngt, auf dem selbe erschlagen werden, gezahlt und deinen treuen Ministern mit Brillanten besetzte Tobaksdosen geschenket hat«[75]. In einer Sammlung »Baierische Nationallieder am Ende des achtzehnten Jahrhunderts und im letzten Jahre der Sklaverei« wurde der Kurfürst als »Hofmetzger« geschäht, weil »er unsere Kinder verkauft wie's Vieh«[76]. Die in der ersten Augusthälfte verbreitete Flugschrift

---

[74] Danksagungsadresse von der bayerischen Nation an Max Joseph IV., München (?) 1800, abgedr. in: Jakobinische Flugschriften, S. 288 ff., Zitat S. 290.

[75] Ebd., S. 290.

[76] Bayerische Nationallieder am Ende des achtzehnten Jahrhunderts und im letzten Jahre der Sklaverei, München (?) 1800, abgedr. in: Jakobinische Flugschriften, S. 332 ff., Zitat S. 385 f.

»Wahrer Überblick der Geschichte der bayerischen Nation, oder das Erwachen der Nationen nach einem Jahrtausend« warf Max Joseph vor »durch seinen Menschenverkauf, durch seine Verschwendung, durch die immerwährende Aushebung und gänzliche Entvölkerung des Landes, durch die volle Verwirrung, die er stiftete, alle Achtung, alles Zutrauen verloren« zu haben, und formulierte ein in die Zukunft gerichtetes politisches Programm einer Republik in Süddeutschland: »Bayern, vereint mit Schwaben, wird das österreichische Joch abschütteln ... und ... vereinigt mit einem Teile Frankens ... sich eine auf Unabhängigkeit, Freiheit und Gleichheit gegründete Verfassung geben«[77]. Für dieses Ziel erhoffte sich die Schrift die Unterstützung der Republik Frankreich.

Indirekt unterstützte Frankreich die Münchner Opposition tatsächlich, denn angesichts der Anwesenheit der französischen Truppen wagten es die Zensurbehörden trotz aller Verbote und Konfiskationen oft nicht, allzu entschlossen gegen die Verbreitung von Flugschriften vorzugehen. Diese fanden nicht nur in der Hauptstadt sondern auch auf dem Land eine zahlreiche Leserschaft, nachdem sie den Bauern auf der Schranne meist heimlich in die Säcke gesteckt wurden[78]. Von einer direkten französischen Intervention zugunsten republikanischer Bestrebungen in Bayern konnte aber keine Rede sein. Frankreich hatte unter dem Ersten Konsul Napoleon Bonaparte nicht mehr den Ehrgeiz, die Verfassung der Republik überall in Europa zu verbreiten. Man wollte den frankophilen Kurfürsten von Pfalz-Bayern eher auf Dauer als Verbündeten gewinnen, als ihn vom Thron zu jagen oder auch nur in seiner Macht zu beschneiden. Das sollte sich schnell herausstellen.

Als Zentrum republikanischer Bestrebungen hatte sich in München in Kreisen des gehobenen Bürgertums ein Klub gebildet, der seine Zusammenkünfte in der Weinstraße abhielt, und dessen Mitglieder sich als »Patrioten« bezeichneten. Zu seinen führenden Vertretern wurden der Buchhändler und Verleger Johann Baptist Strobl, von dessen Buch-

---

[77] Wahrer Überblick der Geschichte der bayerischen Nation, oder das Erwachen der Nationen nach einem Jahrtausend, München (?) 1800, abgedr. in: Jakobinische Flugschriften, S. 292 ff., Zitat S. 319.
[78] Beyträge, S. 17.

Joseph von Utzschneider, Lithografie von Wenzeslaus Lambert nach einem Gemälde von Johann Georg Edlinger, um 1820

handlung aus zahlreiche kritische Flugblätter Verbreitung fanden, der Regierungsrat Joseph von Hazzi und an erster Stelle der Referendar im Finanzministerium Joseph von Utzschneider gerechnet[79]. Auch Vertreter schwäbischer Republikaner nahmen gelegentlich an den Klubversammlungen teil.

---

[79] Weder Heigel, S. 186 ff., noch Du Moulin Eckart, Ehrenrettung, S. 137 ff., oder Sang, S. 174 ff., können Utzschneiders Verstrickung in die republikanischen Bestrebungen schlüssig widerlegen.

Angesichts des weit verbreiteten Unmuts über die kurfürstliche Politik sah der Klub die Chance gekommen, seine politischen Ziele in die Realität umzusetzen, zumal zu hoffen war, dass ein republikanisches Pfalz-Bayern sofort aus dem Krieg mit all seinen Belastungen ausscheiden könnte. Durch zahlreiche auch in französischer Sprache verteilte Flugschriften sollten die Ziele des Klubs publik gemacht und die Besatzungstruppen zur Unterstützung gewonnen werden.

Eine wohl zu Anfang August 1800 verfasste »Bekanntmachung an die Bewohner Baierns, Schwabens, Frankens, Tyrols, und Salzburgs« ist offenbar eine dieser Schriften. Angesichts der Not und des Elends der bestehenden Kriegssituation werden die Bewohner Süddeutschlands aufgefordert, »daß wir diesem Unwesen einmal ein Ende machen und von dem alten verderblichen Reichsverbande uns loszählen, uns nach dem Drange aller politisch- und natürlichen Verhältnisse in einen freien, mächtigen Staatskörper ... zusammenschließen ... und uns so eine eigene, auf die natürlichen Rechte der Menschheit, auf die reine Religion, und den allgemeinen Wohlstand gegründete Konstitution geben«. Alle Soldaten sollten aus der Koalitionsarmee zurückgerufen werden. Anschließend sollten Gemeinde- oder Distriktsvertreter »zu einer allgemeinen süddeutschen Nationalversammlung oder süddeutschem Landtage« gewählt werden, »um unter dem Schutze der durch die Macht der Freiheit sieggewohnt französischen Waffen diesen neuen Nationalbund zu schließen und zur Konstitution, ewigen Frieden, Sicherheit und Wohlstand das Weitere einzuleiten« [80].

Ebenfalls zu Anfang August 1800 wandte sich eine Delegation des republikanischen Klubs an General Decaën und bat ihn um seine Unterstützung für einen Aufstand gegen den Kurfürsten und dessen Regierung. Decaën wies auf unerwünschte Folgen der Französischen Revolution hin und gab zu bedenken, ob nicht der Weg der Reformen der geeignetere sei. Er bezweifelte, dass seine Regierung ein Interesse habe, solche Umsturzunternehmungen offen zu unterstützen. Als die Revolutionäre wenige Tage später erneut bei ihm vorsprachen, verwies er sie an den Oberkommandierenden Moreau. Die Vertreter des republikanischen Klubs versuchten nun wiederholt, Moreau für ihre Ideen zu gewinnen, und

---

[80] Jakobinische Flugschriften, S. 458 ff., Zitat S. 459 f.

weihten ihn deshalb in ihre Umsturzvorbereitungen ein. Dazu legten sie ihm zwei mögliche Planvarianten vor: das von Utzschneider verfasste Programm einer konstitutionellen Monarchie und den Plan einer süddeutschen Republik. Sie übergaben Moreau sogar Listen der Mitverschworenen in München und in den Landstädten, um ihn von der Ernsthaftigkeit ihrer Absichten zu überzeugen. Der General erwiderte jedoch, dass sein Auftrag nur laute, Pfalz-Bayern zu besiegen, nicht aber, es in eine Republik zu verwandeln. Bei einer zweiten Unterredung wiederholte er diese Antwort, und als die Delegation erneut vorsprechen wollte, empfing er sie erst gar nicht mehr. Dem Bürgerwehrkommandanten Felix Joseph Lipowsky gegenüber äußerte sich Moreau dazu mit den Worten: »Mein Gott! Man weiß nicht, was man will. Eine Republik kostet viel Blut; wir haben sie!«[81]

Der Plan eines republikanischen Umsturzes in Pfalz-Bayern war damit gescheitert, denn die Unzufriedenheit über die kurfürstliche Politik war bei aller verbalen Kritik nicht so groß und so verbreitet, dass sie eine Aufstandsbewegung ohne auswärtige Hilfe ermöglicht hätte. Ob sich die bäuerliche Mehrheit auf dem Lande einer Erhebung gegen das angestammte Herrscherhaus angeschlossen hätte, darf ohnehin bezweifelt werden. Zwar wurde die bereits seit August vorliegende »Bekanntmachung an die Bewohner Baierns, Schwabens, Frankens, Tyrols, und Salzburgs« im Februar 1801 weit verbreitet, und ebenso erging sich eine Schrift über »Die Folgen des Krieges in Bayern« noch einmal in heftigsten Ausfällen gegen den Kurfürsten und beklagte es, »daß man lieber die thörichten Launen, die oft unwissenden und höchst unverständigen Befehle eines einzigen, noch dazu äußerst schwachsinnigen Regenten und seiner Minister anbetet, als sich selbst vernünftige Gesetze zu geben, welchen man allein schuldig ist, zu gehorchen«[82]; aber das waren wohl nur letzte vergebliche Versuche der republikanischen Bewegung, die öffentliche Meinung zu ihren Gunsten zu beeinflussen.

Die Münchner »Patrioten« waren gescheitert. Sie mussten sogar Repressalien der eigenen Regierung befürchten, denn

---

[81] Materialien und Notizen zu des Felix Joseph Lipowsky Lebensgeschichte, fol. 113, StadtAM, HV Manuskripte 128.

[82] Abgedr. bei Neumann, S. 293.

General Decaën informierte das Generalhofkommissariat über die revolutionären Absichten, allerdings ohne Einzelheiten zu nennen. Durch private Mitteilungen eines französischen Kommissars wurde nach dem Ende der Besatzungszeit lediglich Utzschneider als Mitverschwörer bekannt. Er wurde offenbar infolgedessen im Juni 1801 in den einstweiligen Ruhestand versetzt, durfte 1807 aber wieder neue Ämter im Staatsdienst einnehmen[83].

---

[83] Mannlich, S. 489 ff.

DIE ENTSCHEIDUNG VON HOHENLINDEN

In der Zwischenzeit hatte sich abgezeichnet, dass weder Österreich noch England zu einem Frieden mit Frankreich bereit waren. Moreau, der am 24. Juli[84] nach Augsburg abgereist war, verlegte deshalb sein Hauptquartier am 4. September erneut nach München in das Palais des Herzogs Wilhelm und kündigte vier Tage später den Waffenstillstand von Parsdorf wieder auf. Erneut sammelten sich französische Truppen in München, die der Stadt am 9. September die bisher größte Einquartierungslast brachten. Soweit sie nicht vor der Stadt campierten, wurden die Mannschaften wieder in die Kasernen gelegt. Da deren Kapazitäten aber nicht ausreichten, wurden auch Räumlichkeiten im kurfürstlichen Seidenhaus, im ehemaligen Jesuitenseminar und in den Klöstern der Franziskaner, Theatiner und Karmeliter beansprucht. Größere Belastungen brachten jedoch die Quartierwünsche der Offiziere mit ihrem Gefolge. Zwar versuchte die Einquartierungskommission, die Lasten möglichst gerecht zu verteilen, aber alle begehrten die gleichen besseren Quartiere in den vornehmeren Teilen der Stadt und nahmen sie sich oft genug auch widerrechtlich und gewaltsam. Ein Ausgleich zwischen den Wünschen der Bürger und den Forderungen der Quartiernehmer ließ sich daher kaum herstellen.

Neben den Besatzungssoldaten bevölkerten zunehmend auch Deserteure aus der kaiserlichen Armee die Stadt. So traf am 3. September gleich eine ganze Infanterie-Kompanie in München ein, die komplett die Fronten gewechselt hatte. Auch pfalz-bayerische Soldaten, die nicht weiter unter österreichischem Oberbefehl kämpfen wollten, weil sie sich schlecht behandelt fühlten, liefen den Kaiserlichen in Scharen davon. Zeitweise hielten sich etwa 500 dieser Deserteure in der Stadt auf. Diese nur schwer zu disziplinierenden Männer sorgten für zusätzliche Sicherheitsprobleme.

---

[84] Materialien und Notizen zu des Felix Joseph Lipowsky Lebensgeschichte, fol. 106, StadtAM, HV Manuskripte 128; Fahrmbacher, S. 50, nennt den 23. Juli.

Französisches Biwak am linken Ufer der Isar bei Unterföhring, Ölgemälde auf Eichenholz von Wilhelm von Kobell, um 1804

Am 20. September rückten die französischen Truppen bis auf ein Bataillon mit kaum mehr als 200 Mann unter den besorgten Blicken der Münchner nach Osten ab, den österreichischen Stellungen entgegen. Bereits zwei Tage später kehrten sie aber wieder in die Stadt zurück, da die Österreicher noch am 20. September mit Moreau in Hohenlinden eine Verlängerung des Waffenstillstands ausgehandelt hatten. Anstelle des gestrengen Ritay wurde nun der weitaus nachlässigere Cambriel Platzkommandant, mit der Folge, dass Disziplinlosigkeiten nicht mehr mit der bisherigen Härte geahndet wurden. Vorgänge wie der eines grundlos randalierenden Chasseurs, der den Wirt des Spöckmairbräus und einen zu Hilfe eilenden Obsthüter am 9. Oktober schwer verletzte, waren fast an der Tagesordnung und nötigten den Stadtmagistrat, sich beim französischen Platzkommandanten darüber zu beschweren, dass die Militärpatrouillen ihren Aufgaben nicht mehr mit der notwendigen Strenge nachkämen[85].

---

[85] Entwurf eines Schreibens an Platzkommandant Briant v. 13.10.1800, StadtAM, Stadtverteidigung 303.

Die verstärkten französischen Kampfvorbereitungen äußerten sich für die Münchner vor allem in der Ausschreibung neuer Konkurrenzen für Ochsen, Zugpferde, Kapotröcke, Trommeln, Säcke oder für Heu und Stroh zur Deckung des Verpflegungs- und Ausrüstungsbedarfs der Truppen. An das französische Versorgungsmagazin wurden allein im November über 3300 Zentner Korn und 4200 Zentner Weizen geliefert. Am 22. November wurde das Hauptquartier wieder in die Stadt verlegt. Moreau, zurück aus Paris, wohin er am 12. Oktober abgereist war, nahm in der Maxburg Quartier. Erneut wurde die Rheinarmee um die Stadt herum zusammengezogen, so dass die Quartierlasten wieder stiegen. Der Bedarf an Unterkünften war diesmal so groß, dass zum beiderseitigen Ärger selbst das adlige Damenstift Offiziere mit ihrer Begleitung bei sich aufnehmen musste.

Am 28. November verließen die Franzosen München und schlugen ihr Hauptquartier in Hohenlinden auf. Sie ließen nur ein Bataillon unter dem derzeitigen Platzkommandanten Briant als Besatzung zurück. Am 3. Dezember stellten sich die Österreicher mit ihren deutschen Verbündeten unter Erzherzog Johann in einer Stärke von 60000 Mann bei Hohenlinden den dort konzentrierten etwa 56000 Franzosen Moreaus zur Schlacht und erlitten dabei eine vernichtende Niederlage. In München verbreitete sich jedoch zunächst das Gerücht vom Sieg der Österreicher. Man befürchtete nun, dass der Platzkommandant Verteidigungsmaßnahmen treffen würde, die sich als gefährlich für die Stadt erweisen könnten. Um ihn davon abzubringen, bot man ihm ein Geldgeschenk von 100 Louisdors an. Briant wies diese Summe zurück, da sie für einen Platzkommandanten zu unwürdig sei, erklärte aber, dass er mit 200 Louisdors einverstanden sei. Umgehend ließ der Magistrat ihm daraufhin diesen Betrag übergeben.

Am Abend verbreitete sich jedoch die Siegesmeldung der Franzosen, sehr zur Erleichterung der Münchner. Bald darauf kamen auch die ersten 300 der insgesamt 11000 Gefangenen in französischer Hand an, die zunächst im Theatinerkloster untergebracht wurden. Da es jedoch zwischen Österreichern, Pfälzern und Bayern zu beständigen Auseinandersetzungen

Abb. S. 66/67:
Die Schlacht bei Hohenlinden am 3. Dezember 1800, Aquatinta-Radierung von Christian Gottlieb Steinlen nach einem Entwurf von Johann Lorenz Rugendas II, nach 1800

kam, fanden die gefangenen pfalz-bayerischen Soldaten schließlich Unterkunft im leergeräumten Kloster der Karmeliterinnen in der heutigen Rochusstraße und bei den Servitinnen in der Herzogspitalgasse. Ihre Offiziere, darunter Generalmajor Bernhard Erasmus Graf von Deroy, erhielten Privatquartiere. Noch am gleichen Abend gingen 80 Fuhrwägen aus München Richtung Hohenlinden ab, um Verwundete vom Schlachtfeld in die Stadt zu bringen. Zu ihrer Aufnahme wurde ein drittes Feldlazarett im Landschaftshaus am Marktplatz bereitgestellt und das Herzogspital geräumt. In den folgenden Tagen trafen beständig Transporte von Gefangenen und Verwundeten in München ein, die die Aufnahmekapazitäten der Stadt und der Spitäler auf das Äußerste strapazierten. Überall fehlte es an Pflegepersonal, so dass sich auf Bitten des Bürgerwehrkommandanten insgesamt 46 Klosterinsassen zu Hilfsdiensten bereit erklärten. Um den riesigen Bedarf der Spitäler an Wäsche und Verbandsmaterial zu decken, wurde eindringlich an die Spendenbereitschaft der Münchner appelliert[86]. Seit dem 5. Dezember wurden schließlich sämtliche gefangenen Soldaten, darunter am Ende 1882 pfalz-bayerische, nach Frankreich weggeführt. Die pfalz-bayerischen Offiziere durften dagegen in München verbleiben. Etwa 200 der im Karmeliterinnenkloster untergebrachten Soldaten gelang jedoch noch vor dem Abtransport in der Nacht zum 9. Dezember mit der Hilfe benachbarter Anwohner die Flucht über die angrenzende Stadtmauer. Hausdurchsuchungen und Bedrohungen des Kriegsdeputationspräsidenten von Weichs durch den Platzkommandanten Briant waren vergeblich, die Geflüchteten konnten nicht mehr dingfest gemacht werden.

In der Schlacht von Hohenlinden hatte sich der französische Divisionsgeneral Louis Bastoul beim Sturz vom Pferd den Oberschenkel gebrochen. Er hatte sich aber geweigert, sich das Bein amputieren zu lassen. So wurde er am 4. Dezember nach München gebracht und fand im Palais des Grafen von Rechberg, dem heutigen Radspielerhaus in der Hackenstraße, Unterkunft. Am 15. Januar 1801 erlag der General seinen schweren Verletzungen. Mit großem militärischem Zeremoniell wurde er daraufhin am 17. Januar auf dem heu-

---

[86] Aufruf der Kriegsdeputation v. 22.12.1800, StadtAM, Stadtverteidigung 314.

Grabdenkmal für Divisionsgeneral Louis Bastoul auf dem Alten Südlichen Friedhof (Vorkriegszustand)

tigen Alten Südlichen Friedhof beigesetzt. Moreau ließ auf dem Grab einen Obelisken mit einer Gedächtnisinschrift errichten.

Die Niederlage von Hohenlinden hatte Österreich deutlich gemacht, dass sich der Krieg gegen Frankreich nicht mehr mit der Aussicht auf Erfolg weiterführen ließ. Es schloss daher am 25. Dezember 1800 in Steyr einen neuen Waffenstillstand ab, der schließlich am 9. Februar 1801 zum Frieden von Lunéville führte. Österreich und seine deutschen Verbündeten schieden damit aus dem 2. Koalitionskrieg aus. Das Deutsche Reich trat das linke Rheinufer endgültig an Frankreich ab, im Gegenzug sagten die Franzosen die Räumung der von ihnen besetzten rechtsrheinischen Gebiete zu.

München durfte also mit dem baldigen Abzug der Rheinarmee rechnen. Es bekam aber zuvor noch einmal deutlich die Lasten der Besetzung zu spüren, denn die Truppen Moreaus ließen sich in ihrer Siegesstimmung zu einer Vielzahl neuerlicher Ausschreitungen hinreißen. Räubereien und Erpressungen und sogar damit verbundene Mordtaten wurden eine alltägliche Plage. Die Soldaten versuchten, auf jede nur erdenkliche Weise Beute zu machen. So kamen die französischen Wachen an den Stadttoren auf die Idee, von jedem

Bronzene Inschrifttafel auf dem Grabdenkmal für General Bastoul mit Datierung nach dem französischen Revolutionskalender (Foto: Mark Schütze)

Passanten 24 Kreuzer Zoll zu fordern, bis der Platzkommandant diese Eigenmächtigkeit nach wiederholten Protesten verbot.

Auch ein Ende der Kontributionen und Requisitionen war, wie sich der Schleißheimer Galerieaufseher Huber beklagte, nicht abzusehen: »Noch immer müßen die Bauren Heu, Stroh und Haber liefern«[87]. Noch einmal war eine Geldkontribution von 1 Million Gulden an die Franzosen zu entrichten, für die wiederum Kirchenschätze beschlagnahmt wurden. Nur die Angst vor einer öffentlichen Empörung verhinderte, dass auch die silberne Bennobüste in der Liebfrauenkirche zu diesem Zweck eingeschmolzen wurde.

Von den ab Februar allmählich aus dem Osten abrückenden und zurück nach Frankreich marschierenden Einheiten wurden den Münchnern immer wieder neue Quartierverpflichtungen mit allen ihren hässlichen Begleiterscheinungen auferlegt. So waren französische Grenadiere über ihre Einquartierung bei den Karmelitern unzufrieden. Aus Verärgerung entfachten sie am 30. März ein Feuer, indem sie vor dem Kloster Strohsäcke verbrannten, die als Lager für Kriegsgefangene gedient hatten. Ein größerer Brand konnte jedoch durch rechtzeitige Löscharbeiten noch verhindert werden. Am 19. März traf schließlich General Moreau aus dem bisherigen Hauptquartier Salzburg wieder in München ein und bezog die Maxburg. Trotz aller Beschwerden der letzten Monate wollte man ihm zu Ehren Festveranstaltungen organisieren, die er sich aber verbat.

Im April näherten sich die ersten kurfürstlichen Truppen der Haupt- und Residenzstadt. Herzog Wilhelm, ihr Kommandant, hatte sein Hauptquartier bereits am 5. April wieder im Schloss Nymphenburg aufgeschlagen. Nur vier Tage später zog der größte Teil der Rheinarmee aus München ab. Am 8. April folgte Moreau selbst mit dem französischen Hauptquartier. Nur General Decaën blieb mit seinem Besatzungsbataillon noch in der Stadt. Erst nachdem er am 11. April eine letzte Getränke-Konkurrenz über 2 000 Pinten Bier veranstaltet hatte, verließ er am folgenden Tag mit den restlichen französischen Truppen die pfalz-bayerische Haupt- und Residenzstadt, nicht ohne die Drohung, dass er zurückkeh-

---

[87] Tagebuch des Gallerie-Inspectors und Malers M. Huber, 5.2.1801, Stadt-AM, HV Manuskripte 357.

ren werde, wenn sich vor dem 13. April auch nur ein kur-
fürstlicher Soldat in München zeige.

Aus Furcht vor dieser Drohung marschierten daher die
ersten Einheiten des Leibregiments und des Regiments Kur-
prinz auch erst am Morgen des 13. April in München ein und
erlösten die Bürgergarde wieder von ihren militärischen Aufgaben. Dinadanus Joseph Graf von Nogarola übernahm
erneut die Funktion des Stadtkommandanten. Am Nachmittag des 14. April traf der Kurfürst wieder in der Residenz ein,
von jubelnder Bevölkerung wurde er diesmal nicht empfangen. Seine Familie folgte ihm zwei Tage später. Die über
neunmonatige Besatzungszeit war für München zu Ende. Sie
hatte für die Stadt durch die nur schwer zu disziplinierenden
französischen Truppen eine gravierende Beeinträchtigung
der öffentlichen Sicherheit und Ordnung bedeutet und vor
allem einen ungeheuren wirtschaftlichen Kraftaufwand zur
Versorgung der Soldaten erfordert. Auch wenn ein großer
Teil der privaten Aufwendungen für Verpflegung und Unterkunft der Besatzungstruppen anschließend mit staatlichen
Mitteln entgolten wurde, allerdings erst nach dem Verlauf
einiger Jahre, so ließen sich diese Entschädigungen doch teilweise nur über höhere Steuerleistungen finanzieren, die am
Ende wieder jeden einzelnen Steuerpflichtigen trafen.

EINE NEUE POLITIK

In der folgenden Zeit hatte München die Gelegenheit, sich während einer zeitweiligen Friedensphase von den außerordentlichen Belastungen der letzten Kriegsjahre zu erholen. Die Besetzung durch die Franzosen hatte noch einmal deutlich werden lassen, wie nutzlos die barocken Wallanlagen inzwischen für die Verteidigung geworden waren. Kurfürst Max Joseph zog nun aus dieser Erkenntnis die Konsequenzen und ordnete am 24. Juli 1801 in Fortsetzung der Entfestigungsprojekte Rumfords an, dass Gebäude und Grundstücke im Festungsbereich als Privateigentum in die Grundbücher eingetragen werden durften. Das Wallgelände wurde damit praktisch an private Eigentümer verschenkt. Räumungsmaßnahmen aus militärischen Gründen waren nun nicht mehr zu befürchten. Noch musste allerdings die Stadtkommandantschaft weiterhin neben der Polizeidirektion der Errichtung weiterer Gebäude in diesem Terrain zustimmen.

Um die Erhaltungs- und Reparaturkosten der noch in Staatsbesitz verbliebenen Festungsteile einzusparen, befahl der Kurfürst am 1. März 1802, die Planungen Rumfords für die Niederlegung der Wallanlagen wieder aufzunehmen. Damit war der Startschuss für die endgültige Beseitigung des gesamten Befestigungssystems und seine Einbeziehung in die beginnenden Stadterweiterungsmaßnahmen gegeben. Den Anfang machten noch im Jahr 1802 nach der Aufhebung des Kapuzinerklosters die Planungen für das zuvor großenteils im Besitz dieses Klosters befindliche Gebiet zwischen dem Schwabinger Tor und dem Karlstor mit der Anlage des Maximiliansplatzes. Im folgenden Jahr folgte ein erster Bebauungsplan für das Areal zwischen dem Karlstor und dem Sendlinger Tor. Im Osten der Stadt wurden städtebauliche Planungen durch die komplizierten Besitzverhältnisse erheblich erschwert, so dass hier die Niederlegung der Wallanlagen nur auf dem Wege von Einzelprojekten erfolgen konnte. Auch das Gelände der mittelalterlichen Stadtmauer wurde nun in diese Maßnahmen mit einbezogen und am 15. Juni 1804 erstmals am Maximiliansplatz für die Anlage

Abbruch der Stadtumwallung am Maxtor, Bleistiftzeichnung eines unbekannten Künstlers,
1805

des Maxtores und die Bebauung mit Wohngebäuden freige-
geben. Die Stadt verzichtete damit auf die bisher noch in
ihrer Hand befindlichen, allerdings nicht mehr funktionstüch-
tigen Verteidigungsanlagen. Auch der Staat gab kurz darauf
endgültig jede militärische Mitsprache im Bereich des bisherigen Festungsgeländes auf. Mit der Errichtung der Lokalbaukommission erhielt diese am 21. November 1804 die alleini-
ge Bauaufsicht über »das Ganze der Stadt und des Burg-
friedens«[88]. Die Stadtkommandantschaft verlor ihre Kompetenzen in diesem Bereich. Die Wallanlagen waren endgültig
ein Teil des zivilen Stadtgebiets von München geworden. Bis
zu ihrer völligen Beseitigung sollten jedoch noch mehrere
Jahrzehnte vergehen.

In seiner Außenpolitik leitete Kurfürst Max Joseph nun
eine vorsichtige Wende ein. Ohnehin persönlich Frankreich
sehr zugetan, schloss er am 24. August 1801 in Paris einen
separaten Friedensvertrag mit der Republik ab, der ihm den

---

[88] Resolution der Landesdirektion v. 21.11.1804 (Abschrift), StadtAM, LBK
59.

Besitz seiner rechtsrheinischen Territorien garantierte und ihm die französische Unterstützung bei einer adäquaten Kompensation für seine linksrheinischen Gebietsverluste zusagte. Damit war die Grundlage für eine weitere Annäherung an Frankreich gelegt. Für die territorialen Einbußen links des Rheins, zu denen schließlich auch noch die verbliebene rechtsrheinische Kurpfalz kam, wurde Max Joseph im Reichsdeputationshauptschluss vom 25. Februar 1803 mit geistlichen und reichsstädtischen Besitzungen in Bayern, Franken und in Schwaben mehr als angemessen entschädigt.

Mit der tatkräftigen Hilfe seines Außenministers Maximilian Graf von Montgelas nahm Kurfürst Max Joseph nun eine umfassende Reform seines Landes in Angriff, die mit dem Ziel einer zentralen Souveränität des Staates gegenüber seinen überall mit den gleichen Rechten ausgestatteten Untertanen vieles von dem beseitigte, was unter der Regentschaft Karl Theodors als willkürlich und korrupt gebrandmarkt worden war. Einem Großteil der Kritik, die nach seinem Regierungsantritt die öffentliche Debatte geprägt hatte, wurde damit der Boden entzogen.

Der Kurfürst war aber nicht nur reformfreudig, sondern ebenso entschlossen, energisch jede offene Auflehnung gegen seine Politik zu unterbinden, wie sich in München bei einer Übertretung des Wallfahrtsverbotes an Werktagen durch die Bürgerkongregation und einem darauffolgenden Gesellenstreik zu Pfingsten 1802 und einem weiteren Streik von Handwerksgesellen im Januar 1803 zeigte. In allen diesen Fällen ließ er Widersetzlichkeiten sofort mit Militärgewalt niederschlagen und grub damit sicherlich auch möglichen weiteren öffentlichen Unmutsäußerungen in seiner Haupt- und Residenzstadt das Wasser ab. Seine Reformpolitik und sein entschlossenes Durchgreifen ließen die heftige Kritik der Anfangsjahre seiner Regentschaft allmählich verstummen. Hinzu kam, dass sich Max Joseph durch sein leutseliges Verhalten schließlich die Zuneigung der Münchner eintrug und so zu einer der beliebtesten Persönlichkeiten der Wittelsbacher wurde. Damit gehörten die Differenzen zwischen Herrscher und Bevölkerung in München bald der Vergangenheit an.

Zu den kurfürstlichen Reformmaßnahmen zählte nicht zuletzt auch ein Umbau des Heeres, um für künftige kriegerische Konflikte besser gewappnet zu sein. Mit dem »Militärkantons-Reglement« vom 7. Januar 1805 wurde das bisherige

Söldnerheer durch eine Wehrpflichtigen-Armee ersetzt. Allerdings gab es zahlreiche Befreiungstatbestände. So mussten Adel, Geistlichkeit, Hof- und Staatsbeamte und städtische Patrizier keine Einberufung befürchten. Auch die Inhaber des Bürgerrechts blieben für sich selbst befreit, ihre Söhne mussten aber erstmals mit einer Aushebung rechnen. Die Einbeziehung auch der Haupt- und Residenzstadt München in diese Rekrutierungsverpflichtungen wurde vor allem in den Handwerkerkreisen der Stadt nicht mit Begeisterung aufgenommen. Mit der Begründung, dass die Münchner Bürgerschaft in der Vergangenheit von der Stellung von Rekruten befreit gewesen sei und die Aussichten auf einen möglichen Militärdienst die Entfaltung des Gewerbelebens in der Stadt behindern würden, bat daher der Magistrat den Landesherrn am 31. Mai 1805 auch weiterhin um eine Ausnahmestellung für München. Der Kurfürst lehnte ein solche Privilegierung jedoch ab, denn es sei »gegen unsere übrige unterthannen ungerecht ..., wenn Wir ihren Söhnen eine gänzliche Befreyung von Militärdienste ... gestatten, und in einem vorzüglich ackerbauenden Lande die Bewohner des platten Landes allein der Militärpflichtigkeit unterwerfen wollten«[89]. Das Selbstverständnis des neuen Staats und wohl auch die militärischen Notwendigkeiten erlaubten keine Sonderrechte mehr für die Haupt- und Residenzstadt. Auch Münchner Bürgersöhne waren künftig grundsätzlich militärdienstpflichtig. Das Konskriptionsgesetz vom 29. März 1812 sollte schließlich alle auch jetzt noch bestehenden Ausnahmetatbestände aufheben und die Militärpflicht für jeden ledigen Bayern festlegen.

---

[89] Mandat Kurfürst Maximilians IV. Joseph v. 10.6.1805 (Abschrift), StadtAM, RP 427/1.

AN DER SEITE NAPOLEONS

Der 2. Koalitionskrieg wurde erst mit dem Friedensschluss von Amiens zwischen Frankreich und England am 27. März 1802 endgültig beendet. Bereits ein Jahr später brachen die Feindseligkeiten zwischen beiden Mächten jedoch wieder aus. England gelang es, 1805 erneut eine Koalition mit Ruß- land und Schweden und schließlich am 9. August 1805 auch mit Österreich abzuschließen. Der 3. Koalitionskrieg gegen Frankreich hatte begonnen.

Napoleon Bonaparte, inzwischen Kaiser der Franzosen, suchte gegen die feindliche Koalition das Bündnis mit den süddeutschen Fürsten. Da eine Neutralität Pfalz-Bayerns nicht respektiert werden würde und nach wie vor öster- reichische Annexionsabsichten zu befürchten waren, schloss der ohnehin Frankreich zuneigende Kurfürst Max Joseph am 25. August 1805 in Bogenhausen einen Bündnisvertrag mit Napoleon ab. Nach den Erfahrungen der letzten beiden Krie- ge durfte man sich von den Franzosen eine bessere Behand- lung erhoffen als von den Österreichern. Um Österreich aber nicht herauszufordern, wurde das Bündnis zunächst noch geheim gehalten. Die Ressentiments gegenüber dem östli- chen Nachbarstaat sollten sich bald als berechtigt herausstel- len: Am 6. September erschien der kaiserliche Feldmarschall- leutnant Karl Philipp Fürst zu Schwarzenberg mit 100 Husa- ren und Dragonern vor Schloss Nymphenburg, wo sich der Kurfürst aufhielt, ließ sehr zur allgemeinen Empörung das Schloss umstellen und von München abriegeln und forderte Max Joseph ultimativ zum Eintritt in die antifranzösische Koalition auf. Dem Kurfürsten und dem leitenden Minister Montgelas gelang es, die Österreicher über Pfalz-Bayerns Absichten im Unklaren zu lassen, bis die kurfürstliche Fami- lie in der Nacht zum 9. September nach Würzburg fliehen konnte und die pfalz-bayerische Armee außer Reichweite der österreichischen Truppen war. Die Armee wurde in Franken zusammengezogen. Die Regierungsgewalt in München wur- de dem Präsidenten der Generallandesdirektion Freiherrn von Weichs übertragen.

Bereits am 8. September hatten die Österreicher, noch in dem Glauben, Verbündete zu sein, die bayerische Landesgrenze überschritten, jetzt marschierten sie als Feinde auf München zu. Nach den Entfestigungsmaßnahmen der letzten Jahre war diesmal erst recht nicht an militärischen Widerstand zu denken. Die kurfürstliche Garnison zog daher am 9. September aus der Stadt ab und überließ den Militärdienst erneut dem Bürgermilitär. Die Aufgaben eines Stadtkommandanten lagen in den bewährten Händen von Felix Joseph Lipowsky. Die wertvollsten kurfürstlichen Besitztümer, darunter die Gemäldesammlung, wurden noch rechtzeitig in Sicherheit gebracht, um sie nicht wieder feindlichen Beutezügen auszusetzen. Vier Tage später standen die ersten österreichischen Truppen, 400 Merveldt'sche Ulanen, vor den Toren Münchens und quartierten sich in der Isarkaserne auf der Kohleninsel ein. Ihre Verpflegung wurde der Au übertragen. Am 14. September besetzte das Grenadierbataillon Riese die Stadt mit 500 Mann, am nächsten Tag folgte ein weiteres Grenadierbataillon des Regiments von Erzherzog Maximilian. Den Wachdienst versahen nun Bürgergarde und Österreicher gemeinsam. Zum Stadtkommandanten wurde Generalmajor Conrad Freiherr von Thelen ernannt. Die Münchner ließen diese neuerliche Besetzung recht ruhig und gelassen über sich ergehen und zeigten sich den Österreichern gegenüber sehr entgegenkommend.

In den nächsten Tagen zogen beständig kaiserliche Truppenverbände mit klingendem Spiel auf ihrem Weg nach Westen durch die Stadt. Den Soldaten war trotz ihrer äußerlich beeindruckenden Erscheinung der Unwille und das Unverständnis über diesen Feldzug deutlich anzusehen. Erneut musste die pfalz-bayerische Haupt- und Residenzstadt Einquartierungen und Requisitionen erleben. Ausschreitungen undisziplinierter Truppenangehöriger kamen allerdings, anders als auf dem umgebenden Land, kaum vor. Neben Brot, Heu und Hafer wurde auch die Bereitstellung von Schuhen, Stiefeln, Mänteln und Pferden verlangt. Als die kaiserlichen Truppen für den Abtransport der Pferde auch die Stellung von Reitknechten forderten, wurden ihnen Insassen des Strafarbeitshauses mitgegeben, die kurz vor der Entlassung standen, um keine Bürger- oder Bauernsöhne zwangsverpflichten zu müssen. Was die Österreicher sonst an Verköstigung und Ausrüstung beanspruchten, bezahlten sie mit

Papiergeld. Die Münchner hatten es zu akzeptieren, obwohl es hier keinen Wert hatte. Wer die kaiserlichen Truppenangehörigen deshalb als »Papiersoldaten« verhöhnte, musste mit strenger Bestrafung rechnen.

Am Abend des 19. September traf Erzherzog Ferdinand von Österreich, der den Oberbefehl über die österreichischen Truppen führte, in München ein und stieg im Gasthof »Zum Goldenen Hirsch« in der Theatinerstraße ab. Zwei Tage später zog gegen Abend auch Kaiser Franz II. unter dem Geläute sämtlicher Glocken in die Stadt ein und nahm ebenfalls im »Goldenen Hirsch« Quartier. Abordnungen des Adels, der Landschaft und des Magistrats begrüßten das Reichsoberhaupt und beschwerten sich bei ihm über unangemessene Requisitionsforderungen seiner Truppen in der Stadt. Franz II. antwortete ihnen lediglich: »Hievon weiß ich nichts, meine Generals müssen darüber verantwortlich seyn. Es wird alles ersetzt werden. Leben Sie wohl! Wir sehen uns ohnehin noch öfters«[90]. Am nächsten Morgen besuchte der Kaiser eine Messe in der Theatinerkirche und reiste anschließend nach Landsberg am Lech weiter.

Seit dem 10. Oktober erlebten die Münchner das exotisch anmutende Schauspiel, dass sich österreichische Grenztruppen aus den östlichen Teilen der Donaumonarchie in ihrer Stadt aufhielten. Diese Soldaten vom Balkan erschreckten die Städter durch ihr fremdartiges Aussehen, erregten aber durch ihre schlechte Ausrüstung und ihre unzureichende Bekleidung auch deren Mitleid, wie Lorenz von Westenrieder zu berichten wusste: »Die Gränzsoldaten bettelten, nachdem sie kein Geld, so fast keine Kleidung am Leibe hatten, in der Stadt vor den Häusern. Mich selbst bettelte einer an, indem er die Hand gegen mich ausstreckte, und sagte: ‚Einen Kreuzer!‘ Ich gab ihm mehr als Einen«[91].

Inzwischen hatten die Franzosen im Westen erste Erfolge errungen. Bereits am 26. September hatte Kaiser Franz II. vorsorglich wieder die Rückreise nach Wien angetreten und München ohne großes Aufsehen passiert. Noch während letzte Verbände aus den östlichen Grenzgebieten eintrafen, zogen die ersten österreichischen Einheiten, zum Teil bereits

---

[90] Diarische Geschichte, S. 4.
[91] Tagebucheintrag Lorenz von Westenrieders v. 11.10.1805, abgedr. in: Kluckhohn, 2. Abt., S. 61.

in Auflösung begriffen, wieder auf dem Rückzug nach Osten durch die Stadt. Stadtkommandant von Thelen war inzwischen durch General Freiherr von Schönthal ersetzt worden, der aber in München den Eroberer herauskehrte, so dass der Magistrat bei der Rückreise des Kaisers versuchte, die Wiedereinsetzung des Freiherrn von Thelen als Kommandanten zu erreichen. Eine Entscheidung wurde aber durch den raschen Gang der Ereignisse nicht mehr notwendig. Am 9. Oktober traf General Michael Freiherr von Kienmayer auf dem Rückzug mit seiner Division in München ein und ließ die Truppen im Westen und Norden vor der Stadt lagern. Als Kienmayer vom erfolgreichen Donauübergang der Franzosen bei Günzburg erfuhr, befahl er noch am Abend des 11. Oktober den allgemeinen Aufbruch, so dass die pfalz-bayerische Haupt- und Residenzstadt bereits mit dem Beginn des 12. Oktober alle Besatzungssoldaten losgeworden war, und das Bürgermilitär den Wachdienst wieder allein übernommen hatte.

Schon wenige Stunden später trafen erste französische Kavalleristen unter Oberstleutnant Ameil in der Stadt ein und nahmen die Verfolgung der Österreicher auf. Im Tal traf ein französischer Chasseur auf die letzten österreichischen Nachzügler und wollte sich auf sie stürzen. Nur durch die Geistesgegenwart des Gummiarbeiters Joseph Zöpf, der sich ihm in den Weg stellte, wurde ein Blutbad in der belebten Straße verhindert. Die Österreicher wurden entwaffnet und festgesetzt[92]. Den Franzosen folgten unmittelbar pfalz-bayerische Dragoner unter General Karl Philipp Graf von Wrede, die in der ganzen Stadt mit Jubel begrüßt wurden. Im Verlauf des Tages trafen weitere pfalz-bayerische und französische Einheiten unter dem Oberbefehl von Marschall Jean-Baptiste Bernadotte ein, die aber zum Teil weiter dem Feind hinterher zogen. Auch erste gefangene Österreicher wurden nach München gebracht. Marschall Bernadotte selbst rückte am 13. Oktober in die Stadt ein und stieg im Palais des Herzogs Wilhelm ab.

Während der Jubel am 12. Oktober so unbeschreiblich war, dass kaum Marktgeschäfte getätigt wurden, und in den Pfarrkirchen zum Dank für die Befreiung feierliche Hochämter abgehalten wurden, änderte sich diese Situation bald. Mit dem Zustrom weiterer Truppen wuchs in den nächsten

---

[92] Protokoll v. 22.11.1808, StadtAM, Stadtverteidigung 342.

Tagen die Quartierverpflichtung für die Münchner, kaum dass man die österreichischen Einquartierungen los geworden war, gewaltig. Im Umkreis von 10 bis 15 Kilometern um die Stadt herum konzentrierten sich allmählich bis zu 60 000 Mann der napoleonischen Armee. Alle Haushalte mussten Soldaten bei sich aufnehmen, manche bis zu 50 oder 60 Mann. Zur Versorgung des Heeres standen das Magazin vor dem Isartor und das ehemalige Seminargebäude zur Verfügung. Ein weiteres Magazin wurde in der Reitschule am Hofgarten eingerichtet, für das auch die Theatinerkirche in ein Heulager umfunktioniert wurde. Heu, Stroh und Getreide mussten unentgeltlich geliefert werden.

Nach Auffassung vieler Münchner führten sich die Franzosen jetzt als Verbündete schlimmer auf als während der Besatzungszeit fünf Jahre zuvor. »Ihre Quartiere sind wegen ihrer mit dem höchsten Poltern und Schelten und Drohen verbundner, unaufhörlicher Forderungen und wegen ihrer groben Ungezogenheiten, mit welchen sie die Hauseinwohner erniedrigen und auf alle Weise quälen, unerträglich«, urteilte Lorenz von Westenrieder[93]. Bezeichnenderweise führt eine Sammlung von Schadensmeldungen aus dem Kriegsjahr 1805 lediglich Schäden auf, die von französischen Soldaten durch eigenmächtige Requirierungen und Plünderungen verursacht wurden. Schäden, die man den Österreichern anlastete, wurden keine gemeldet[94]. So war es kein Wunder, dass sich die Bewohner der Stadt schon nach wenigen Tagen nichts sehnlicher wünschten, als den baldigen Abzug der Franzosen.

Auch in den pfalz-bayerischen Truppeneinheiten wuchs der Unmut, da diese in der Umgebung Münchens einquartiert werden mussten, nachdem die Stadt schon mit Franzosen überbelegt war. Wo immer sie aber eintrafen, fanden sie jedoch Vorratslager vor, die die Einheiten Napoleons bereits leer geräumt hatten. Für die eigene Verpflegung verblieb ihnen kaum etwas, und sie waren oft genug zum Plündern auf den Bauernhöfen gezwungen. Auch beim Requirieren von Ausrüstungsteilen waren die Franzosen meist schneller. So mussten etwa die pfalz-bayerischen Soldaten vielfach bar-

[93] Tagebucheintrag Lorenz von Westenrieders v. 20.10.1805, abgedr. in: Kluckhohn, 2. Abt., S. 63.
[94] Act über die sich im gegenwärtigen Kriege anbegebenen Beschädigungen v. 18.10.1805, StadtAM, Stadtverteidigung 330.

Einzug der Franzosen in München im Oktober 1805, Radierung von Jean-Marie Chavanne nach einem Gemälde von Siméon Fort, um 1805

fuss laufen, da die von ihnen bei den Münchner Schustern georderten Schuhe von Napoleons Versorgungsoffizieren bereits beschlagnahmt worden waren. General Deroy musste seine Soldaten daher ausdrücklich ermahnen, sich gegenüber den Verbündeten trotz aller Benachteiligungen ordentlich zu betragen und jede Verunglimpfung zu unterlassen.

Es dauerte nach der Befreiung Münchens noch bis zum Abend des 24. Oktober, bis Kaiser Napoleon in einer sechsspännigen Kutsche vor dem Karlstor eintraf, wo er unter dem Läuten sämtlicher Glocken von einer Abordnung des Magistrats begrüßt wurde. Wie beim Einzug von Kaiser Franz II. musste die eigentlich übliche Begrüßungskanonade entfallen, da die Österreicher alle schweren Geschütze aus München weggeführt hatten. In den prachtvoll illuminierten Straßen der Stadt, in denen die Truppen entlang des kaiserlichen Weges ein Spalier bildeten, herrschte großer Jubel, der sicherlich noch dadurch verstärkt wurde, dass man sich nun ein baldiges Ende der Quartierlasten erhoffte. Zunächst einmal brachte aber Napoleon in seinem Gefolge weitere Mannschaften mit sich, die ebenfalls in der ohnehin überfüllten Stadt untergebracht werden mussten. Napoleon selbst bezog die Residenz.

Am folgenden Tag empfing der Kaiser die Vertreter der Regierung und der Stadt. Am Abend besuchte er eine Vorstellung im Hoftheater. Gegen Mittag des nächsten Tages ritt Napoleon auf die Jagd in der Nähe von Nymphenburg, und abends fand in der Residenz ein Konzert in Gegenwart des gesamten Hofstaates statt. Am 27. Oktober wohnte er einem feierlichen Tedeum in der Hofkapelle bei. Auch in allen übrigen Kirchen der Stadt wurden Hochämter abgehalten, um den Segen für die pfalz-bayerischen und französischen Waffen zu erbitten. Am 28. Oktober verließ der Kaiser dann München wieder auf dem Weg nach Österreich. Ihm folgte in den nächsten Tagen der größte Teil seiner Armee.

Allerdings verblieben das Versorgungsmagazin und das französische Hauptlazarett in München. Das Lazarett beanspruchte nicht nur die Räumlichkeiten des Militärkrankenhauses vor dem Einlass, sondern dehnte sich auch auf die Kosttorkaserne, das Herzogspital und den Neubau am Anger aus. Die unter den französischen Soldaten grassierende Ruhr griff auch auf die Münchner Bevölkerung über und forderte einige Opfer.

Einzug Napoleons in München am 24. Oktober 1805, Kupferstich von George Malbeste nach einem Gemälde von Nicolas-Antoine Taunay, 1808

Für österreichische und russische Kriegsgefangene wurde ein eigenes Spital eingerichtet. Ihre Zahl belief sich schließlich auf über 100. Nach ihrer Genesung zogen sie bettelnd durch die Stadt, wo sie »einen gräßlichen Geruch« verbreiteten[95].

Auch weiterhin kamen, wenn auch nicht mehr in ganz so großer Zahl, immer wieder französische Truppeneinheiten in München an, für die Quartier zu bereiten war. Die Quartierverpflichtung blieb die drückendste Last in der Stadt. »Man getraute sich kaum, auszugehen, und gieng mit Kummer nach Hause, und näherte sich mit banger Angst seiner Hausthüre, indem man fürchtete, Quartier an zu trefen. Wenn mit der Glocke geschället wurde, erschrak man, und

---

[95] Anzeige des Polizeichirurgen Gleichauf v. 6.2.1806 (Abschrift), StadtAM, Stadtverteidigung 340.

Napoleon I. Kaiser der Franzosen, Lithografie von Daniel Engelmann, um 1840

wenn man das Schreyen eines Franzosen hörte, so wusste man nicht mehr, wohin man aus Beklemmung sich wenden soll«, klagte Westenrieder[96]. Immer wieder waren französische Requisitionsforderungen, zum Teil in unangemessener Höhe,

---

[96] Tagebucheintrag Lorenz von Westenrieders v. 31.10.1805, abgedr. in: Kluckhohn, 2. Abt., S. 64.

durch die Stadt zu erfüllen. Um die Kriegskosten überhaupt aufbringen zu können, wurde unter den Haus- und Wohnungsbesitzern Münchens eine Umlage auf die Mieterträge erhoben, von der nur die ärmsten Einwohner verschont blieben[97]. Insgesamt brachte diese Umlage einen Ertrag von 46 977 Gulden und $51^{1}/_{2}$ Kreuzer. Die Umgebung der Stadt blieb unsicher, denn als Folge der zahlreichen pfalz-bayerischen, österreichischen und französischen Truppendurchzüge »war die Menge von Nachzüglern, Flüchtigen, Marodeurs etc. groß und Plünderungen, Brände, Raube, Todtschläge etc. wurden häufig«[98].

---

[97] Bekanntmachung v. 13.11.1805, StadtAM, Stadtverteidigung 338.
[98] Materialien und Notizen zu des Felix Joseph Lipowsky Lebensgeschichte, fol. 151, StadtAM, HV Manuskripte 128.

DER GLANZ DER NEUEN WÜRDE

Kurfürst Max Joseph traf am 29. Oktober wieder in seiner Haupt- und Residenzstadt ein, diesmal jedoch von seinem Volk freudig begrüßt. Seine Familie folgte ihm am 24. November. Nur wenige Tage später konnte man erneut einen hohen Gast in München willkommen heißen: Am 5. Dezember kam Kaiserin Josephine von Frankreich mit einem großen Gefolge in der Stadt an und bezog die Steinzimmer in der Residenz. Im Interesse der Bündnispolitik Frankreichs bemühte sich die Kaiserin erfolgreich, sich rasch die Sympathien des kurfürstlichen Hofs und der Hauptstadtbevölkerung zu verschaffen. So verzichtete sie bereits bei ihrer Ankunft auf die ihr angebotenen höfischen Prunkwägen und begnügte sich mit ihren Reisekutschen. Gegenüber dem Hof und den Menschen in der Stadt zeigte sie sich liebenswürdig und gewinnend. Das kaiserliche Gefolge erregte wegen seiner prächtigen Ausstattung überall großes Aufsehen. Aufgrund der ungünstigen Münchner Witterung erkrankten viele der kaiserlichen Hofdamen in den folgenden Tagen. Am 20. Dezember traf auch Napoleons Schwester Karoline Murat in München ein.

Inzwischen hatte Napoleon am 2. Dezember 1805 in der Dreikaiserschlacht bei Austerlitz die Truppen Österreichs und Rußlands entscheidend besiegt und konnte mit dem Frieden von Preßburg vom 26. Dezember 1805 den 3. Koalitionskrieg beenden. In diesem Frieden erkannte Österreich die vom französischen Kaiser geforderte Erhebung des Kurfürstentums Pfalz-Bayern zum Königreich und dessen volle staatliche Souveränität an und trat Vorarlberg und Tirol an den Nachbarstaat ab. Napoleon selbst reiste daraufhin zurück nach München, das er in Begleitung von Marschall Joachim Murat in der Nacht zum 31. Dezember erreichte. Er kam damit gerade noch rechtzeitig in der Hauptstadt an, um am 1. Januar 1806 die Proklamation des Königreichs Bayern mitzuerleben.

Der bisherige Kurfürst Max Joseph ließ am Morgen des Neujahrstages die hohen Würdenträger und Beamten seines

Proklamation des Königreichs Bayern auf dem Marienplatz am 1. Januar 1806, Radierung von Paul Jakob Laminit, um 1806

Landes in der Residenz zusammenkommen und verkündete ihnen im Beisein des Kronprinzen, dass er den Titel eines Königs von Bayern angenommen habe. Anschließend nahm er die Gratulationen der Anwesenden entgegen. Den in einem anderen Saal der Residenz versammelten Hof- und Staatsdienern gab der Obersthofmeister Anton Clement Graf von Törring-Seefeld den neuen Rang Bayerns bekannt. In den Straßen Münchens verlas Landesherold Joseph von Stürzer, begleitet von dreißig Mann bürgerlicher Kavallerie, unter Trompetenbegleitung die königliche Proklamation[99]. München war die Haupt- und Residenzstadt eines Königreichs geworden. Am Nachmittag wurden zur Feier der neuen Würde in allen Kirchen die Glocken geläutet und 200 Kanonenschüsse gelöst. Eine für den Abend vorgesehene Illumination der Stadt fiel etwas spärlich aus, da sie zu kurzfristig anberaumt worden war, und da die Münchner angesichts erneut drohender französischer Einquartierungen wenig Lust zum Feiern verspürten.

Wegen der Königsproklamation musste ein eigentlich für den Neujahrstag geplantes Militärspektakel auf den 2. Januar verlegt werden. An diesem Tag wurden 29 von den Franzosen im Wiener Zeughaus erbeutete bayerische Kanonen, 21 Fahnen und 15 000 Gewehre von der Bürgergarde im Triumph zum Isartor hereingeholt. Die Kanonen und Gewehre wurden auf dem Marktplatz, dem heutigen Marienplatz, abgestellt, auf dem die gesamte Münchner Schuljugend versammelt war. Kadetten brachten die Fahnen in die Liebfrauenkirche. Dort wurde ein feierliches Tedeum abgehalten. Anschließend wurden Kanonen, Gewehre und Fahnen in das Zeughaus gebracht[100]. Für die während des 3. Koalitionskrieges gefallenen bayerischen Soldaten fand schließlich am 8. Januar ebenfalls in der Liebfrauenkirche ein feierliches Requiem statt, an dem der König und Kronprinz Ludwig teilnahmen.

Damit hatten die Feiern in München noch kein Ende. Um sein Bündnis mit Bayern zu festigen und um seine eigene Familie in den vornehmsten Dynastien Europas zu verankern

---

[99] Proklamation v. 1.1.1805, StadtAM, BuR 125/5.
[100] Protokoll v. 30.12.1805, StadtAM, BuR 144/1; vgl. Tagebucheintrag Lorenz von Westenrieders v. 2.1.1806, abgedr. in: Kluckhohn, 1. Abt., S. 79.

und damit sein Odium eines Emporkömmlings zu überdecken, hatte Napoleon durchgesetzt, dass Auguste Amalie, die älteste Tochter König Max Josephs, mit dem Sohn seiner Gattin Josephine, dem Vizekönig von Italien Eugène de Beauharnais, vermählt werden sollte. Eugène traf deshalb am 10. Januar 1806 in München ein. Um die für das Haus Wittelsbach nicht eben sehr ehrenvolle Eheverbindung etwas attraktiver zu machen, wurde Eugène am 12. Januar vom Kaiser adoptiert und erhielt das Versprechen der Thronfolge in Italien, falls Napoleon keine Nachkommen haben sollte. In der Grünen Galerie, dem größten Festsaal der Residenz, fand daraufhin am 13. Januar in Gegenwart des französischen Kaiserpaares, des bayerischen Königspaares und des Marschalls Murat die nach französischem Recht notwendige Ziviltrauung zwischen Auguste Amalie und Eugène statt. Karoline Murat war dem Ereignis demonstrativ ferngeblieben, da sie der Familie Beauharnais die Verbindung mit dem Haus Wittelsbach nicht gönnte. Am folgenden Tag wurde das Paar durch den Erzbischof von Regensburg, Kurerzkanzler Karl Theodor von Dalberg, in der Hofkapelle kirchlich getraut. Zur Feier des Tages läuteten am Abend wieder alle Glocken und wurden vor der Stadt Kanonen gezündet. Erneut waren die Straßen Münchens illuminiert. Im Kaiserhof der Residenz hatte man einen hohen hölzernen Turm errichtet, der ebenfalls mit Lichtern geschmückt war. Ursprünglich hatte man geplant, auch die hauptstädtische Einwohnerschaft durch kostenlose Bälle an diesen Feiern zu beteiligen. Da aber zur gleichen Zeit eine französische Division aus Österreich auf dem Rückmarsch nach Frankreich in München Quartier nahm, fürchtete man, dass der Ärger der Bevölkerung über die Kriegsbelastungen bei den Tanzvergnügungen in Unruhen ausarten könnte, und sagte diese Veranstaltungen wieder ab[101].

Nachdem sie am 16. Januar vom Landschaftsgebäude aus dem Metzgersprung zugesehen und abends die Oper besucht hatten, verließen Napoleon und Josephine am Mittag des 17. Januar 1806 München wieder, um über Augsburg nach Frankreich zurückzukehren. Sie waren kaum abgereist, als bereits wieder einige Tausend französische Soldaten auf

---

[101] Materialien und Notizen zu des Felix Joseph Lipowsky Lebensgeschichte, fol. 152 v. ff., StadtAM, HV Manuskripte 128.

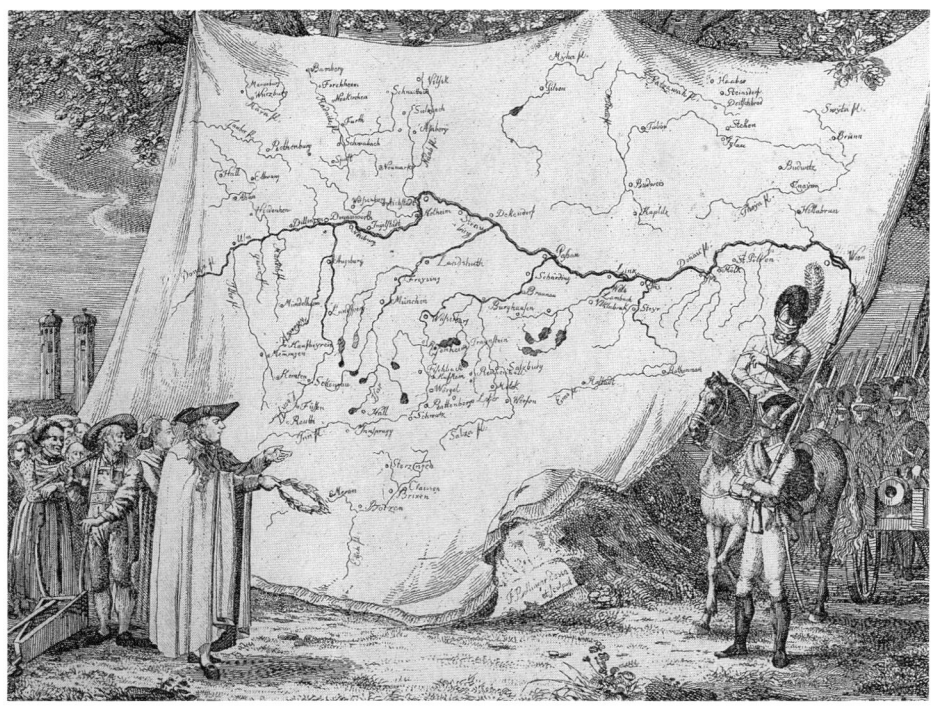

Empfang des siegreichen bayerischen Heeres nach dem Feldzug von 1805, Kupferstich von Friedrich Wilhelm Bollinger, 1806

dem Rückmarsch aus Österreich hier ankamen und einquartiert werden mussten. Diese Truppen marschierten jedoch bereits am 22. Januar weiter. Auch in der folgenden Zeit trafen beständig neue Einheiten der Franzosen in München ein und mussten in der Stadt untergebracht werden. Der französische Kriegsminister Marschall Louis-Alexandre Berthier, der sich nach Napoleons Abreise noch eine Weile in München aufhielt, sorgte zumindest für Disziplin unter den Soldaten, so dass Ausschreitungen diesmal weitgehend unterblieben. Dennoch erschienen die Truppen der Verbündeten den Münchnern, wie Lorenz von Westenrieder klagte, »täglich einbilderischer, übermüthiger und lümmelhafter«[102]. Um der Stadt jede weitere unnötige Belastung zu ersparen, wurde an der Abzweigung der von Freising kommenden Landstraße

---

[102] Tagebucheintrag Lorenz von Westenrieders, abgedr. in: Kluckhohn, 1. Abt., S. 80.

nach Dachau ein von drei Mann bewachtes Schild mit einer nachts stets brennenden Laterne aufgestellt, das verhindern sollte, dass französische Einheiten mit Dachau als Etappenziel versehentlich nach München gelangten. Am 24. Januar kehrten schließlich die bayerischen Regimenter aus dem Feldzug in ihre Garnisonen zurück, so dass das Bürgermilitär den Wachdienst, der durch die vielen feierlichen Paraden der letzten Wochen diesmal besonders anstrengend gewesen war, am 26. Januar endlich wieder an die regulären Einheiten übergeben konnte.

DIE LAST DES BÜNDNISSES

Auch weiterhin blieben französische Truppen in Bayern stationiert, deren Ernährung das Land finanziell enorm belastete, zumal die von Napoleon versprochene Entschädigung nur teilweise und zögerlich gezahlt wurde. Der Friede sollte ohnehin nicht von langer Dauer sein. Am 12. Juli 1806 trat Bayern dem von Napoleon ins Leben gerufenen Rheinbund bei und in dessen Folge am 1. August aus dem Reichsverband aus. Für das Königreich bedeutete dies den Gewinn weiterer fränkischer und schwäbischer Territorien, zugleich war es Frankreich gegenüber aber auch zum militärischen Beistand im Kriegsfall verpflichtet. Der sollte schon bald eintreten: Preußen sah seine Interessen durch die jüngsten Friedensschlüsse und die Gründung des Rheinbunds beeinträchtigt und verbündete sich mit Rußland und einigen norddeutschen Fürstentümern gegen Frankreich. Mit einem Ultimatum löste es am 26. September 1806 den 4. Koalitionskrieg aus. Die Franzosen zogen nun zwar wieder größtenteils aus Bayern nach Norddeutschland ab, aber mit ihnen mussten auch bayerische Truppen in einen Krieg ziehen, der die Interessen des Königreichs eigentlich nicht berührte.

München blieb eine direkte Konfrontation mit diesem Krieg glücklicherweise erspart. Die Stadt spürte die Kriegsereignisse nur in der Form festlicher Dankgottesdienste, die vom König anläßlich der Siege Frankreichs und seiner Verbündeten am 23. November 1806 und zur Feier der Einnahme Danzigs und des Sieges bei Friedland am 28. Juni 1807 in der Michaelskirche und in allen übrigen Pfarrkirchen angeordnet wurden[103]. Durch die schnellen und entscheidenden Niederlagen Preußens wurde der Krieg ohnehin relativ rasch mit dem Frieden von Tilsit vom 7. und 9. Juli 1807 beendet. Seit Anfang Oktober kehrten daher die bayerischen Truppeneinheiten wieder in die Heimat zurück und wurden vor der

---

[103] Mandate des Generallandeskommissariats v. 19.11.1806 und v. 25.6.1807, StadtAM, BuR 144/3.

Stadt von der Bürgergarde mit klingendem Spiel empfangen und vom Bürgermeister begrüßt. Auf Anregung des Finanzministers Wilhelm Freiherr von Hompesch veranstaltete der Magistrat zu Ehren des zurückgekehrten Offizierskorps am 1. Januar 1808 einen großen Ball im königlichen Redoutensaal. Zur Finanzierung dieses Festes wurde eine allgemeine Sammelaktion in die Wege geleitet. Als sich jedoch das Finanzministerium bereit erklärte, zwei Drittel der Ballkosten zu übernehmen, widmete der Magistrat die Sammlung zugunsten der Verwundeten des jüngsten Feldzuges um. Insgesamt kamen durch diese Aktion und die Erlöse des Balles 4 226 Gulden und 4 Kreuzer zusammen[104].

Österreich hatte die Niederlage von 1805 nicht verwunden und bereitete seitdem zielstrebig eine Revanche vor. In Bayern rechnete man seit dem Frühjahr 1809 mit einem neuen Kriegsausbruch. Im Februar marschierten erste Franzosen zur Verstärkung der bayerischen Einheiten in das Land ein. Seit dem 1. März mussten die Münchner wieder Einquartierungen hinnehmen, da einheimische Truppen in der Hauptstadt zusammengezogen wurden. Bereits seit Anfang März wurden in München und Schleißheim die Gemälde der königlichen Galerien wieder in Sicherheit gebracht. Archiv und Schatzkammer wurden nach Mannheim verschickt. Am 10. April 1809 überschritten die Österreicher schließlich den Inn und lösten damit den Österreichisch-Französischen Krieg aus. In einem Aufruf an die Bayern wurde es als Zweck des Feldzugs bezeichnet, »dem unterdrückten Europa seine Fesseln zu lösen.« Die Bayern wurden aufgefordert, das Bündnis mit Napoleon aufzugeben und gegen die Franzosen zu kämpfen: »Im Oestreichischen Lager sind Euere wahren Freunde; – hier wird für Euere Freyheit und für Euern König gefochten; unter diesen Fahnen müßt Ihr für Deutschland –, für Bayern –, für Euer königliches Haus kämpfen«[105]. Auch wenn die französischen Verbündeten in Bayern allmählich als Belastung empfunden wurden, so hatte man hier doch keinesfalls vergessen, welche Bedrohung Österreich für das Land dargestellt hatte und noch immer darstellte. Es konnte daher keine Rede davon sein, dass die Österreicher nun, wie

---

[104] Quittung des Kriegsökonomierats v. 12.5.1808, StadtAM, BuR 144/2.
[105] Aufruf v. 10.4.1809, StadtAM, Stadtverteidigung 350.

erhofft, in ihrem Nachbarland breite Unterstützung für ihren Feldzug vorfinden würden.

Bereits am Tag nach dem Einmarsch der Feinde in das Land verließ die königliche Familie München und begab sich nach Dillingen in Sicherheit. Zum Gouverneur von München wurde Finanzminister von Hompesch ernannt, die Funktion eines Stadtkommandanten nahm abermals Lipowsky wahr. Am 14. April rückten auch die bayerischen Einheiten unter Kronprinz Ludwig aus der Stadt ab und überließen deren

Felix Joseph Lipowsky, Lithografie von Johann Paul Rummel nach einem Gemälde von Joseph Hauber, 1814

Schutz wieder einmal der Bürgergarde. Zwei Tage später marschierten österreichische Einheiten unter General Franz Freiherr von Jellačić de Buzim durch das Isartor in München ein, ohne dass ihnen Widerstand geleistet worden wäre. Etwa 10 000 Soldaten besetzten die Hauptstadt und ihre Umgebung, von denen der größte Teil allerdings vor den Toren auf dem Haidhauser Berg lagerte. Jellačić de Buzim schlug sein Hauptquartier in der Au auf. Nur einige Hundert Soldaten wurden als Stadtgarnison unter dem Kommando von Generalmajor von Öttinghausen direkt in München einquartiert, mussten die Nacht aber vor den Häusern auf der Straße verbringen. Öttinghausen zog ins Palais des Grafen von Rheinstein und Tattenbach. Die Österreicher verhielten sich zunächst wenig entgegenkommend und lehnten einen gemeinsamen Wachdienst mit der Bürgergarde ab, da sie den Münchnern nicht trauten. So übernahmen sie in den ersten Tagen alleine die Verantwortung für die Sicherheit der Stadt. Die Stadttore wurden versperrt. Vor allem die männliche Bevölkerung Münchens durfte die Stadt nur in Ausnahmefällen verlassen, während der Zutritt von außen jedermann erlaubt war. Keine zwei Tage später aber erklärten sie sich doch dazu bereit, die Stadt gemeinsam mit dem Bürgermilitär zu bewachen.

Insgesamt erwiesen sich die österreichischen Truppen dennoch als recht angenehme Besatzer, so dass Lorenz von Westenrieder ihnen attestieren konnte: »Sie haben sich musterhaft betragen. Sie machten nicht den geringsten Lärm in der Stadt, und man merkte gar nicht, dass sie hier seyn. In den Quartieren ... stellten sie nie ein unbescheidnes Begehren, und bedankten sich vielmehr höflich für alles, was man ihnen aufsetzte. Jedermann war von dieser Seite zufrieden, und wünschte, wenn man schon Quartier haben müsste, immer solche erhalten zu können«[106]. Allerdings war die Mutlosigkeit und Zaghaftigkeit der Truppen sehr auffällig. Ausschreitungen und Plünderungen kamen nicht vor. Dem Stadtmagistrat wurden nach dem Abzug der Österreicher keinerlei Schäden gemeldet, die ihre Anwesenheit verursacht hatte. Was sie beanspruchten, bezahlten sie diesmal mit Bargeld. Am 18. April belegten sie die Stadt jedoch mit einer

---

[106] Tagebucheintrag Lorenz von Westenrieders v. 23.4.1809, abgedr. in: Kluckhohn, 2. Abt., S. 69.

Joseph Maria Reichsfreiherr von Weichs, Kupferstich von Friedrich John nach einem Gemälde von Johann Georg Edlinger, zwischen 1792 und 1795

Requisition von 100 000 Paar Schuhen[107], einigen Tausend Überröcken, 500 Pferden, 500 Ochsen und 2 Millionen Gulden, die bis zum Abend geliefert werden mussten. Trotz aller

[107] Mandat des Generalkommissariats des Isar-Kreises v. 18.4.1809, StadtAM, Stadtverteidigung 350; Tagebuch des Gallerie-Inspectors und Malers M. Huber, 24.4.1809, StadtAM, HV Manuskripte 357, Huber nennt aber nur 80 000 Paar Schuhe.

Bemühungen der Behörden konnten bis zu dem gesetzten Zeitpunkt jedoch nur einige Tausend Paar zumeist unbrauchbarer alter Schuhe und einige Überröcke gesammelt werden, so dass Generallandeskommissar Freiherr von Weichs strafweise unter Arrest gestellt wurde. Dennoch gelang es auch dann nicht, die österreichischen Forderungen zu erfüllen. Geld erhielten die Besatzer überhaupt keines.

Die verbündeten Armeen hatten unter dem Oberbefehl Napoleons inzwischen die Österreicher wieder so weit zurückgedrängt, dass sich General Jellačić gezwungen sah, München mit seinen Truppen bereits am 23. April wieder in aller Eile zu verlassen, nachdem er bereits seit mehreren Tagen von jeder Nachricht abgeschnitten gewesen war. Nur zwei Tage später wurde König Max Joseph unter dem begeisterten Jubel seiner Untertanen wieder in den Mauern seiner Haupt- und Residenzstadt begrüßt. Er verließ München aber noch am gleichen Abend, da die Stadt wegen vieler in der Umgebung herumstreifender österreichischer Einheiten und aufständischer Tiroler noch zu unsicher war. Am 26. April rückte der Kronprinz mit den von ihm befohlenen Verbänden in München ein und nahm sogleich die Verfolgung der Österreicher auf. Das Bürgermilitär konnte damit die Verantwortung für die Sicherheit der Hauptstadt an die regulären Truppen zurückgeben. In den folgenden Tagen und Wochen erlebte die Stadt wieder pausenlos Durchzüge und zahllose Einquartierungen der verbündeten Heere, sowie im Gegenzug Transporte von gefangenen Österreichern und Kriegsverwundeten. Die Franzosen machten mit ihrem »Lärm, Springen, Laufen, Schreyen, Necken« einen weitaus besseren Eindruck auf die Münchner als die gerade abgezogenen Österreicher, so »dass man wohl sah, nur die französischen Soldaten seyen, unter allen Soldaten der Welt, im Stande, so lustig, und sorglos zu seyn«[108]. Am 17. Mai kehrte schließlich auch die königliche Familie in die Residenz zurück.

Die unter Napoleons Kommando stehenden Truppen rückten in der nächsten Zeit erfolgreich auf Wien vor, so dass der Krieg am 14. Oktober 1809 mit dem Frieden von Schönbrunn beendet wurde. Auf seiner Rückreise nach Frankreich traf

---

[108] Tagebucheintrag Lorenz von Westenrieders v. 30.4.1809, abgedr. in: Kluckhohn, 2. Abt., S. 71.

Kaiser Napoleon am 20. Oktober in der Frühe in Nymphenburg ein. München besuchte er am Abend, um sich dort ein Schauspiel anzusehen. Zu seiner Ehre waren die Stadt und der gesamte Fahrweg zur Sommerresidenz illuminiert. Der Jubel, der dem Kaiser dieses Mal entgegengebracht wurde, war, wie der spätere Schriftsteller August von Platen im Nachhinein feststellte, unbeschreiblich: »Nie war in Bayern die Franzosenliebe und die Liebe zu deren Kaiser so hoch gestiegen als damals. Er war der allverehrte Abgott der Menge«[109]. Im Gefolge Napoleons befand sich der Generaldirektor des Louvre Vivant Denon, der aus der königlichen Galerie vierzig Gemälde beanspruchte, die Kurfürst Karl Theodor den Franzosen angeblich zugesagt habe. Nach einer Intervention des bayerischen Königs bei Napoleon musste Denon diese Forderung allerdings wieder fallen lassen. Am 22. Oktober reiste der Kaiser vorzeitig aus Nymphenburg über Augsburg nach Frankreich ab, eine bereits organisierte Jagdveranstaltung musste deshalb kurzfristig abgesagt werden.

Wenige Monate später erhielt München noch ein letztes Mal Besuch von Mitgliedern des französischen Kaiserhauses: Königin Karoline von Neapel, die Schwester Napoleons, kam am 8. März in München an, verließ die Stadt aber am 14. März wieder, um ihrer künftigen Schwägerin, der österreichischen Erzherzogin Marie Louise auf ihrem Weg zur Trauung mit Napoleon entgegenzureisen. In Haag wurde der kaiserliche Brautzug von Kronprinz Ludwig begrüßt und bis München begleitet, wo die künftige Kaiserin der Franzosen am Abend des 18. März 1810 unter Glockengeläut und Kanonendonner eintraf. Die zu Ehren der kaiserlichen Braut in der Stadt veranstaltete Illumination feierte die dynastische Verbindung zwischen Österreich und Frankreich in der Hoffnung, dass sie auch für Bayern einen langen Frieden bedeute. Leider ließ das schlechte Wetter die Freude an der ganzen Pracht nicht lange bestehen. Am nächsten Morgen reiste die Erzherzogin in Begleitung der Königin von Neapel dann nach Paris weiter.

---

[109] Zitat abgedr. in: Bauer, S. 265.

EIN BAYERISCHES VOLKSFEST

Die Münchner Bürgerwehr, seit dem 6. Juli 1809 in die III. Klasse der neugeschaffenen Nationalgarde eingereiht, hatte in den vergangenen Jahren durch wiederholten Wach- und Ordnungsdienst während der Abwesenheit der Garnison und durch die Stellung von Ehrenformationen beim Besuch hoher Staatsgäste eine wichtige Rolle im Leben der Stadt gespielt. Sie wurde umso mehr eine Repräsentantin der Bürgergemeinde München, als der Stadtrat nach dem Edikt über das Gemeindewesen vom 24. September 1808 nur noch für eine Übergangsfrist bestand, und schließlich am 1. Januar 1811 durch ein reines staatliches Ausführungsorgan, einen Munizipalrat mit einem Kommunaladministrator an der Spitze, ersetzt wurde. Im Herbst des Jahres 1810 sollte die Nationalgarde III. Klasse ihre Bedeutung als bürgerliche Repräsentanz bei einem friedlichen Anlass deutlich unter Beweis stellen: Am 12. Oktober, dem Namenstag des Königs, feierte Kronprinz Ludwig seine Hochzeit mit Prinzessin Therese von Sachsen-Hildburghausen. Die Trauung in der Hofkapelle der Residenz wurde in München durch Trompeten vom Turm der Peterskirche und durch durch Jubelgesänge mehrerer Musikchöre verkündet. Auf der Schießstätte fand bis zum 21. Oktober ein großes Festschießen statt. Am folgenden Abend wurden die Straßen der Stadt, wie bei solchen Ereignissen üblich, aufwendig illuminiert. Zugleich ließ der König die Hauptstadtbevölkerung in vier Gaststätten und auf dem Marktplatz, auf dem Promenadeplatz und in der Neuhauser Gasse reichlich bewirten.

Auf Anregung seines Unteroffiziers, des Lohnkutschers Franz Baumgartner, initiierte der Kavallerie-Major der Nationalgarde III. Klasse, der Bankier Andreas von Dall'Armi, als Beitrag der Bürger Münchens zu den Hochzeitsfeierlichkeiten für den 17. Oktober ein »altbaierisches Volksfest«, ein Pferderennen auf einer Wiese vor dem Sendlinger Tor zwischen Allgemeinem Krankenhaus und Sendlinger Berg, die von der Nationalgarde als Übungsplatz genutzt wurde. Um es zu einem Fest der ganzen bayerischen Nation zu machen,

Pferderennen auf der Theresienwiese am 17. Oktober 1810, Radierung von Peter (von) Hess, 1810

wurden auch Abordnungen der Nationalgarde III. Klasse anderer Städte des Landes eingeladen. Auf dem Festgelände errichtete man einen Pavillon für die königliche Familie, auf der gegenüberliegenden Anhöhe fand sich die Bevölkerung der Stadt ein. Etwa 50 000 bis 60 000 Menschen waren an diesem sonnigen Herbsttag auf den Beinen. Nachdem die Königsfamilie und ihre Gäste im Pavillon ein Frühstück eingenommen hatten, näherten sich, organisiert von Felix Joseph Lipowsky, 16 Kinderpaare, neun davon die Kreise Bayerns symbolisierend, fünf als Bauern verkleidet und ein Paar in sogenannter Alt-Wittelsbacher Tracht. Sie überreichten dem Hochzeitspaar Kränze, legten ihm die Früchte und Gewerbeprodukte des Landes zu Füßen und huldigten ihm. Am frühen Nachmittag fand schließlich das eigentliche Pferderennen statt. Die festgelegte Distanz von 11 565 Schuh musste von den 30 Teilnehmern insgesamt dreimal durchritten werden. Sieger wurde Franz Baumgartner. Nach der Abfahrt der Königsfamilie wurden die Siegespreise, Fahnen mit Geldgeschenken und goldene Gedenkmedaillen, überreicht. Mit einem feierlichen Rückmarsch der Nationalgarde III. Klasse und der siegreichen Rennteilnehmer zum Hofgarten ging das Fest zu Ende, das durch seinen begeisternden Verlauf die Tradition des Oktoberfestes begründete[110]. In Erinnerung an diesen erfolgreichen Tag erhielt der Rennplatz zu Ehren der Kronprinzessin den Namen Theresienwiese.

---

[110] Beschreibung des großen Pferde-Rennens zur Feyer der Vermählung Sr. K. H. des Kronprinzen von Baiern, mit I. K. H. d. Prinzessin v. S. Hildburghausen, am 17. October 1810, München o. J., StadtAM, Oktoberfest 2/1; vgl. Materialien und Notizen zu des Felix Joseph Lipowsky Lebensgeschichte, fol. 177 ff., StadtAM, HV Manuskripte 128.

DIE ABKEHR VON FRANKREICH

Die Betonung des nationalen bayerischen Elements bei dem Pferderennen anlässlich der Kronprinzenhochzeit 1810 entsprach wohl nicht nur den konventionellen Mustern für solche Feierlichkeiten, sie drückte nach Jahren kultureller Anlehnung an Frankreich auch eine bewusste Rückbesinnung auf die eigenen Wurzeln aus und war damit zugleich ein Zeichen beginnender Abwendung vom bisherigen Bündnispartner. Bevor allerdings der endgültige Umschwung in den Außenbeziehungen Bayerns erfolgte, sollte die Gefolgstreue des Königreichs noch einmal harten Anforderungen ausgesetzt werden: Ende des Jahres 1810 hob Rußland die Kontinentalsperre gegen England auf und veranlasste damit Napoleon zu Kriegsvorbereitungen gegen das Zarenreich. Bayern musste für den geplanten Feldzug mit insgesamt 35 799 Mann das größte Kontingent aller verbündeten deutschen Staaten stellen. Am 15. Februar 1812 erlebte München das Schauspiel, dass der Hauptteil der hier konzentrierten Truppen nach Norden zum Rußlandfeldzug abmarschierte. Den Kämpfen und der winterlichen Witterung in Rußland fielen von den bayerischen Soldaten fast 30 000 Mann zum Opfer, so dass diesmal kein Anlass für triumphale Begrüßungsfeierlichkeiten bestand, als die Reste der Einheiten im Frühjahr 1813 nach München zurückkehrten. Die wenigen verbliebenen Soldaten der Münchner Garnison rückten in aller Stille in ihre Kasernen ein.

Die Niederlage der Napoleonischen Großen Armee bot Preußen den Anlass, den Kampf gegen Frankreich wieder aufzunehmen. Einem preußisch-russischen Militärbündnis vom 26. Februar 1813 schlossen sich schließlich auch Schweden, England und Österreich an. Die Befreiungskriege hatten begonnen. Mit der zunehmenden Zahl von Niederlagen Napoleons konnten sich in Bayern schließlich die Befürworter eines Seitenwechsels durchsetzen. Gegen Sicherung seines Besitzstandes und seiner Souveränität trat das Königreich im Vertrag von Ried am 8. Oktober 1813 aus dem Rheinbund aus und schloss sich der Koalition gegen Napoleon an. Am 14. Oktober erklärte es Frankreich den Krieg. Während sich in der bayerischen Hauptstadt noch wenige Tage zuvor jeder voller Freude über die letzten Siege Napoleons gezeigt hatte, schwenkte die öffentliche Stimmung nun völlig um: »Nun begann auch in München der böse französische Geist zu entweichen und einem brausenden Patriotismus in Schnauzbärten und himmelblauen Röcklein Platz zu machen. Präsidenten, Kanzler und Räthe fingen an zu exerciren; die jungen Herren Grafen und Barone suchten in den Kaffeehäusern und Wirthstafeln die alten Franzosenfreunde auf, um ihnen ihre Verwünschungen und Flüche auszuschütten«, brandmarkte Karl Heinrich Ritter von Lang mit beißender Ironie die wetterwendischen Hauptstädter[111]. Man muss allerdings zugestehen, dass die beständigen Kriege, die Bayern als Verbündeter Napoleons hatte führen müssen, und die daraus resultierenden Belastungen von den früheren Sympathien für Frankreich wenig übrig gelassen hatten. Der Jubel über den Bündniswechsel galt zudem sicherlich in erster Linie einem nun bald zu erhoffenden Frieden, der nach dem Vertrag von Ried auch keine feindseligen Aktionen der Österreicher mehr befürchten ließ. Dementsprechend begründete König Max Joseph den Frontwechsel in einem Aufruf »An mein Volk!« vom 3. November 1813 in erster Linie mit der »Behauptung unserer Unabhängigkeit«, mit der »Herstellung des allgemeinen Friedens« und mit der »Begründung eines dessen Dauer sichernden Gleichgewichts der Mächte«[112].

Tatsächlich gelang den verbündeten Truppen rasch der Vormarsch auf Paris, dem am 6. April 1814 die Abdankung Napoleons und schließlich am 30. Mai 1814 der Friedensschluss folgte. Im Juni kehrten daraufhin die Münchner Regimenter wieder in ihre Kasernen zurück. Zur Feier des Kriegsendes organisierte das Schützenkorps der Münchner Nationalgarde III. Klasse am 10. Juli 1814 ein großes Scheibenschießen. Der Aufruf zu diesem Fest gibt beredt über die Gedanken Auskunft, die damals die Gemüter der Menschen in der Landeshauptstadt bewegten: »Nach so vielen verhängnisvollen Jahren – nach so vielen überstandenen Stürmen, tritt endlich der Friedens-Engel auf, und ruft allen Völkern

---

[111] Lang, S. 196.
[112] Königlich-Baierisches Regierungsblatt, Nr. 57, 3.11.1813, Sp. 1321 ff., StadtAM, ZA Kriege/Koalitionskriege.

Feierlicher Empfang bayerischer Truppen bei ihrer Rückkehr vom Feldzug in Frankreich 1814, Radierung, 1814

Europens den lang ersehnten Trost zu: Friede! Friede! Wo ist der Deutsche, der bey diesem Rufe ohne innigste Theilnahme bliebe? Wo ist der Baier, der nicht sein Gefühl, seine Freude laut äußert, der nicht jede Gelegenheit ergreift, ein Ereigniß, von so glücklichen Folgen für sein Vaterland und der segenreichesten Zukunft, würdig zu feyern?«[113] Tatsächlich war nach über zwei Jahrzehnten fast beständiger Kriegführung in Europa der Friede eingekehrt. Das Intermezzo der Flucht Napoleons von Elba, das die Soldaten im März 1815 noch einmal zu den Waffen rief, bis Napoleon in der Schlacht von Waterloo am 18. Juni 1815 endgültig besiegt wurde, änderte daran wenig. Der vom 18. September 1814 bis zum 9. Juni 1815 dauernde Wiener Kongress gab dem mit dem Beginn der Französischen Revolution in Bewegung geratenen europäischen Staatensystem wieder eine feste

---

[113] Aufruf v. 23.6.1814, StadtAM, BuR 144/3.

Form. Bayern fand in diesen Verhandlungen durch den Verzicht auf Salzburg und Tirol im Ausgleich für die linksrheinische Pfalz seine endgültige territoriale Gestalt und die internationale Anerkennung als drittgrößter deutscher Staat mit europaweitem Handlungsspielraum. Seine Hauptstadt München stand nun vor dem Ausbau zu einer Stadt von internationaler kultureller Bedeutung.

EIN RESÜMEE

Für München war mit den Befreiungskriegen eine Epoche
französischer Dominanz zu Ende gegangen. Das Beispiel
Frankreichs hatte der Stadt den ersten noch episodenhaften
Versuch eines republikanischen Umsturzes eingebracht. Die
Kriege gegen die Republik Frankreich und an der Seite des
französischen Kaisers hatten München insgesamt viermal mit
feindlichen Truppen konfrontiert, einmal sogar, als Höhe-
und Wendepunkt dieser Epoche, mit der bis dahin längsten
feindlichen Besetzung seiner Geschichte. Für seine Einwohner hatten die Kriegszeiten über Jahre hinweg beständige
Belastungen durch Rekrutierungsmaßnahmen, Truppendurchzüge und Einquartierungen bedeutet, ganz zu schwei-
gen von dem Blutzoll, den auch die Söhne der Stadt in insgesamt acht kriegerischen Auseinandersetzungen hatten entrichten müssen. Häufige Wach- und Paradedienste des Bürgermilitärs hatten die Bürger stark beansprucht und dadurch
in ihrer gewerblichen Tätigkeit beeinträchtigt. Die beständigen Versorgungsansprüche der Truppen hatten die Lebensmittel verknappt und sie teurer werden lassen. Die feindlichen Besetzungen hatten durch Kontributionsforderungen
und Requisitionsverpflichtungen große finanzielle Opfer zur
Folge gehabt, die durch allgemeine direkte und indirekte
Kriegssteuern jeden Einzelnen getroffen hatten. Hinzu waren
Gefährdungen der öffentlichen Sicherheit durch Ausschreitungen und Disziplinlosigkeiten von Truppenangehörigen
gekommen.

Dennoch hatten die Franzosen keinesfalls lediglich ein
negatives Andenken in München hinterlassen. Der Stadt
waren nicht nur die schlimmeren Erfahrungen von Plünderungen und Brandschatzungen erspart geblieben, die das
Umland wiederholt hatte hinnehmen müssen. Die französischen Soldaten hatten sich während ihrer zweimaligen
Anwesenheit als Feinde gegenüber der bayerischen Haupt-
und Residenzstadt sogar eher wohlwollend gezeigt und
damit die Basis für das spätere Bündnis gelegt. Man hatte
sogar im noch feindlichen Frankreich so etwas wie einen

Schutzschild gegen österreichische Bedrohungen gesehen. Als drückend hatte man die französische Präsenz erst empfunden, als man als Bündnispartner an der Seite Frankreichs stand und Österreich nicht mehr zu fürchten war. Jedoch hatten zunächst Siege und äußerer Glanz jede Kritik überdeckt. München hatte Frankreich in dieser Zeit schließlich auch die Rangerhöhung zur Haupt- und Residenzstadt eines zentral verwalteten Königreichs zu verdanken. Die Stimmung war erst gegen Frankreich umgeschlagen, als die Gefahr wuchs, mit in den Untergang des französischen Kaiserreichs hineingezogen zu werden. Die frankreichfeindliche Haltung der Befreiungskriege und der anschließenden Zeit war daher nicht allein ein Ausdruck von Kriegsmüdigkeit und Erschöpfung, sie war ebenso gut ein Zeichen des schlechten Gewissens, des schlechten Gewissens gegenüber dem bisherigen Bündnispartner, von dem man sich abgewandt hatte, und des schlechten Gewissens gegenüber anderen Staaten und Nationen, die man bisher an der Seite Napoleons bekämpft hatte.

AUF SPURENSUCHE IM HEUTIGEN MÜNCHEN

Markante Denkmäler oder Bauten, die in München noch an die kriegerischen Ereignisse der Zeit zwischen 1789 und 1815 erinnern, gibt es nur wenige. Truppendurchmärsche, Requirierungsmaßnahmen und Einquartierungen hinterlassen keine lange sichtbaren Spuren. Dennoch sind selbst heute noch, wenn auch oft nur an wenig spektakulären Stellen, Überreste zu entdecken, städtebauliche Situationen zu erfahren und Denkmäler zu finden, die uns das Geschehen aus der Zeit vor 200 Jahren wieder ins Gedächtnis rufen.

Apsis der Peterskirche von Nordosten (Foto: Tanja Wieland)

Direkte Überreste von Kampfhandlungen sind in der Stadt noch an zwei Stellen vorhanden: Im nordwestlichen Chorfenster der Peterskirche ist im rechten Gewände des Fensterbogens eine österreichische Kanonenkugel eingemauert, die die Kirche am 8. September 1796 traf und damit das Hochamt gewaltsam beendete, als die französische Revolutionsarmee vergeblich versuchte, sich den Isarübergang zu erkämpfen und die Österreicher von der Gasteig-Höhe

Fenster der Peterskirche mit Kanonenkugel im Gewände (Foto: Tanja Wieland)

Kanonenkugel im zweiten Obergeschoss des Hauses Zweibrückenstraße 8 (Foto: Tanja Wieland)

Denkmal für den Reichsgrafen von Rumford in der Maximilianstraße (Foto: Angela Pascale)

Karlsplatz mit Rondellbauten (Foto: Mark Schütze)

zu vertreiben. Eine weitere österreichische Kanonenkugel aus diesem Schusswechsel ist auf der linken Seite des zweiten Obergeschosses des Hauses Zweibrückenstraße 8 zu entdecken. Sie war in ein damals hier stehendes Gasthaus eingeschlagen, das später den Namen »Zum Postgarten« erhielt. Der Wirt hatte sie an der Einschlagstelle im ersten Obergeschoss einmauern lassen. Bei der Errichtung eines größeren Nachfolgegebäudes im Jahr 1903 wurde die Kugel mit in den Neubau übernommen.

Als München 1796 zwischen den Fronten der Franzosen und der Österreicher eingeschlossen war, war Sir Benjamin Thompson Reichsgraf von Rumford Stadtkommandant. An ihn erinnert in der Maximilianstraße ein von Kaspar Zumbusch entworfenes und von Ferdinand von Miller 1867 gegossenes Denkmal vor dem Gebäude der Regierung von Oberbayern.

Rumford war auch verantwortlich für erste Maßnahmen zur Beseitigung der veralteten barocken Festungsanlagen der Stadt. Den Anfang machte er mit der Anlage des Karlsplatzes im Jahr 1791, der die Stadt zum westlichen Umland hin öffnen und ihr Ausdehnungsmöglichkeiten in diese Richtung schaffen sollte. Die 1899 in ihrer noch heute bestehenden Form errichteten viertelkreisförmigen Rondellbauten zeichnen die durch Franz Thurn im Auftrag Rumfords ab 1792 entworfenen und ausgeführten ersten Bauten auf der neuen Platzanlage nach.

Häuserfront am Maximiliansplatz mit Blick auf das Maxtor (Foto: Mark Schütze)

Ausgangspunkt für die endgültige Niederlegung der alten Wallanlagen und eine erste systematische Stadterweiterung waren die ab 1802 durch Franz Thurn vorgenommenen Planungen für das Gebiet zwischen Karlstor und Schwabinger Tor mit der Anlage des Maximiliansplatzes. Das zu diesem Platz führende Maxtor wurde 1804 nach einem Entwurf von Nikolaus Schedel von Greifenstein errichtet. Die gleichzeitig erstellten Wohnbauten beiderseits dieses Tores waren die ersten nach Auflassung der mittelalterlichen Stadtmauer im Mauerbereich errichteten Gebäude. Noch heute verlaufen die rückwärtigen Grundstücksgrenzen der modernen Nachfolgebauten im Zuge der niedergelegten Stadtmauer.

Blick in die Ottostraße (Foto: Mark Schütze)

Blick in die westliche Sonnenstraße (Foto: Mark Schütze)

Der Graf von Rumford ließ 1796 eine breite Straßenverbindung zwischen dem Schwabinger Tor und dem Sendlinger Tor anlegen, um fremden Heeresverbänden

Blick in die Müllerstraße von Osten (Foto: Tanja Wieland)

Blick in die Rumfordstraße vom Reichenbach-platz (Foto: Tanja Wieland)

Schloss Nymphenburg von Osten (Foto: Mark Schütze)

Grabdenkmal für Divisionsgeneral Bastoul auf dem Alten Südlichen Friedhof (Foto: Mark Schütze)

einen schnelleren Vorbeimarsch an München zu ermöglichen und die Belastungen durch Truppendurchzüge für die Stadt zu reduzieren. Diese mit Pappelalleen bepflanzte »Rumfordchaussee« blieb bei allen späteren Stadterweiterungen als Rückgrat der Straßenplanung erhalten. Ihr Verlauf kann noch heute durch den Straßenzug Ottostraße, westliche Sonnenstraße, Müllerstraße und Rumfordstraße nachvollzogen werden.

Während der ersten fünf Monate der Besetzung Münchens durch französische Revolutionstruppen im Jahr 1800 war die barocke Sommerresidenz Nymphenburg über lange Zeit ein Befehlszentrum für München, denn hier residierte General Moreau, der Oberbefehlshaber der Rheinarmee, und hier befand sich bis in den November 1800 hinein das französische Hauptquartier. Bereits 1796 hatte der französische General Abbatucci das Schloss zu seinem Sitz erwählt, als er mit einem Teil der Rhein-Mosel-Armee vor

München lag.

An den Münchner Aufenthalt der Rheinarmee 1800/1801 erinnert vor allem aber noch ein Grabdenkmal in der Sektion 12 des Alten Südlichen Friedhofs. In der Schlacht von Hohenlinden wurde der französische Divisionsgeneral Louis Bastoul so schwer verletzt, dass er an dieser Wunde am 25. Januar 1801 verstarb. Er wurde auf dem alten Südfriedhof beigesetzt. Zu seinen Ehren ließ der Oberkommandierende Moreau über seinem Grab einen Obelisken mit einer Gedenkinschrift errichten. Dieser Obelisk wurde im Zweiten Weltkrieg zerstört, jedoch blieb der Grabmalsockel erhalten, auf dem heute die bronzene Inschrifttafel mit der Datierung nach dem französischen Revolutionskalender angebracht ist.

Ebenfalls in der Schlacht von Hohenlinden wurde der pfalz-bayerische Generalmajor Bernhard Erasmus Graf von Deroy von den Franzosen gefangen genommen und nach München verbracht. Nach dem Ende des 2. Koalitionskrieges war Deroy maßgeblich an der Reorganisation der bayerischen Infanterie beteiligt. Als einer der Kommandanten der bayerischen Armee nahm er am Rußlandfeldzug Napoleons teil und wurde in der Schlacht bei Polozk am 18. August 1812 tödlich verwundet. Sein von Johann von Halbig entworfenes und von Ferdinand von Miller 1856 gegossenes Denkmal steht vor der Regierung von Oberbayern in der Maximilianstraße.

Auf dem Max-Joseph-Platz erinnert ein 1835 enthülltes Denkmal an den ersten bayerischen König Max I. Joseph, der als Herzog von Pfalz-Zweibrücken 1799 Kurfürst von Pfalz-Bayern wurde, und dessen Bündnis mit Napoleon die Erhebung Bayerns zum Königreich am 1. Januar 1806 zu verdanken ist. Der Entwurf zu diesem Monument stammt von Leo von Klenze und Christian Rauch. Den Guss besorgte Johann Baptist Stiglmaier.

Ein weiteres Monument für einen bayerischen Heerführer aus der Zeit der Franzosenkriege steht unter dem rechten Bogen der Feldherrnhalle: Das Denkmal für Karl Philipp Fürst von Wrede wurde von Ludwig Schwanthaler entworfen und von Ferdinand von Miller 1844 gegossen. Wrede war seit 1805 Befehlshaber der bayerischen Armee und gehörte als solcher zu den Befreiern Münchens von der österreichischen Besatzung in diesem Jahr. 1813 war er maßgeblich am Eintritt Bayerns in die Koalition gegen Napoleon beteiligt und befehligte die Truppen des Landes in den Befreiungskriegen.

Das augenfälligste Monument in München, das heute noch an die napoleonischen Kriege erinnert, ist der Obelisk auf dem Karolinenplatz. Er gilt allerdings keinem Ereignis, das sich auf Münchner Boden abgespielt hat, sondern ist den 30 000 bayerischen Gefallenen des Rußlandfeldzugs von 1812 gewidmet. Der Entwurf des 29 Meter hohen Denkmals

Denkmal für General von Deroy in der Maximilianstraße (Foto: Angela Pascale)

Denkmal für Feldmarschall von Wrede in der Feldherrnhalle (Foto: Angela Pascale)

Denkmal für König Max I. Joseph auf dem Max-Joseph-Platz (Foto: Angela Pascale)

Obelisk auf dem Karolinenplatz (Foto: Mark Schütze)

116

stammt von Leo von Klenze, eingeweiht wurde es 1833. Auch die Umgebung des Karolinenplatzes erinnert an die Zeit der Franzosenkriege, sind doch die Brienner Straße, die Barer Straße und die Arcisstraße nach den französischen Ortschaften Brienne-le-Château, Bar sur Aube und Arcis sur Aube benannt, bei denen bayerische Einheiten im Frankreichfeldzug von 1814 Siege über Truppen Napoleons errangen.

QUELLEN- UND LITERATURVERZEICHNIS

ARCHIVALIEN:

Stadtarchiv München (StadtAM):
Bauamt – Hochbau, Nr. 69
Bürgermeister und Rat (BuR),
    Nr. 25/1, 34, 60 A 9/a-b, 60 A 10,
    91, 125/3, 125/5, 144/2-3
Gewerbeamt (GA), Nr. 2490a
Haidhausen, Nr. 265
Historischer Verein von Oberbayern
    (HV), Manuskripte, Nr. 128, 357
Lokalbaukommission (LBK), Nr. 59
Oktoberfest, Nr. 2/1
Polizeidirektion, Nr. 498
Ratssitzungsprotokolle (RP),
    Nr. 195/1, 195/3, 196/3, 200/2-3,
    417, 427/1
Stadtgericht, Nr. 888, 937
Stadtverteidigung, Nr. 215, 286-288,
    290-291, 296a, 303, 305, 307,
    309-310, 313-314, 329-331, 338,
    340, 342, 350
Städtischer Grundbesitz, Nr. 618
Steueramt, Nr. 972
Zeitungsausschnittsammlung (ZA),
    Kriege/Koalitionskriege

LITERATURVERZEICHNIS:

Aretin, Karl Otmar Freiherr von,
    Die Belagerung Münchens vom
    30. August bis 12. September
    1796, in: Josef Habbel (Hg.), 800
    Jahre München, München 1958,
    S. 121-122
Bauer, Richard, Stadt und Stadtver-
    fassung im Umbruch. Niedergang,
    Ende und Neubegründung kom-
    munaler Eigenständigkeit 1767 bis
    1818, in: Ders. (Hg.), Geschichte
    der Stadt München, München
    1992, S. 244-273
Baumgartner, Anton, Ueber die Ent-
    stehung und Organisirung des
Bürgermilitärs in Baiern, und über
    dessen Vorschritte in der könig-
    lichen Haupt- und Residenzstadt
    München bey Gelegenheit der
    feyerlichen Bürgerfahnen-Weyhe
    daselbst den 12ten October 1808,
    München 1808
Bayern, Adalbert Prinz von, Max I.
    Joseph von Bayern. Pfalzgraf, Kur-
    fürst und König, München 1957
Beyträge zur Vaterlandskunde
    Bayerns oder freymüthige Schil-
    derung der Geistlichkeit und des
    Bürgerstandes; auch des Be-
    tragens der Franzosen in diesem
    Lande, 1. Heft, o.O. 1801
Destouches, Ernst von, Urkundliche
    Beiträge zur Geschichte Mün-
    chens, Nr. 3: München zur Zeit
    der französischen Occupation im
    Jahr 1800, in: Oberbayerisches
    Archiv 31, 1871, S. 61-70
Du Moulin Eckart, Richard Graf,
    Bayerische Zustände und die fran-
    zösische Propaganda im Jahre
    1796, in: Karl von Reinhardstötter
    (Hg.), Forschungen zur Kultur-
    und Litteraturgeschichte Bayerns,
    Bd. 2, München/Leipzig 1894,
    S. 168-207
Du Moulin Eckart, Richard Graf,
    Eine Ehrenrettung, in: Karl von
    Reinhardstötter (Hg.), Forschun-
    gen zur Kultur- und Litteratur-
    geschichte Bayerns, Bd. 5, Mün-
    chen/Leipzig 1897, S. 129-162
Ebersold, Günther, Rokoko, Reform
    und Revolution. Ein politisches
    Lebensbild des Kurfürsten Karl
    Theodor, Frankfurt am
    Main/Bern/New York/Nancy 1985
F., H. (Fahrmbacher, Hans?), Mün-
    chen eine neutrale Stadt. Zur hun-
    dertjährigen Erinnerung an die

kriegerischen Vorgänge vom 26. August bis 12. September 1796, in: Münchner Neueste Nachrichten, Nr. 393, 395, 397, 399, 401, 403, 405, 407, 409, 411, 415, 417, 418 und 420, 25.8., 26.8., 27.8., 28.8., 29.8., 31.8., 1.9., 2.9., 3.9., 5.9., 7.9., 8.9., 9.9. und 10.9.1896

F., H. (Fahrmbacher, Hans?), Münchens Kriegsheimsuchungen Anno 1805. Eine Jahrhundert-Erinnerung, in: Münchner Neueste Nachrichten, Nr. 409, 425, 435, 453 und 465, 2.9., 12.9., 18.9., 28.9. und 5.10.1905

Fahrmbacher, Hans, Aus Münchens Zeiten der Franzosennot. Zur Erinnerung an das schwere Jahr 1800/01. Auf Grund der Kriegsdeputations- und Generalhofkommissariatsakten erzählt, München 1900

Forster, Josef Maria, Die Franzosen vor München im Jahre 1796, München 1896

Fournier, August, Illuminaten und Patrioten, in: Ders., Historische Studien und Skizzen, Prag/Leipzig 1885, S. 211-252

Graf, Sieglinde, Bayerische Jakobiner? Kritische Untersuchungen sog. »jakobinischer Flugschriften« aus Bayern Ende des 18. Jahrhunderts, in: ZBLG 41, 1978, S. 117-171

Grießinger, Andreas, Das symbolische Kapital der Ehre. Streikbewegungen und kollektives Bewußtsein deutscher Handwerksgesellen im 18. Jahrhundert, (Sozialgeschichtliche Bibliothek), (Ullstein-Buch, Nr. 35080: Ullstein-Materialien), Frankfurt am Main/Berlin/Wien 1981

Grobe, Peter, Die Entfestigung Münchens (Kurzfassung), (Miscellanea Bavarica Monacensia, H. 27), (Neue Schriftenreihe des Stadtarchivs München), München 1970

Hanseder, Wilhelm, Tumultuarische Auftritte. Lokale Unruhen in Bayern an der Wende vom

18. zum 19. Jahrhundert, in: OA 113, 1989, S. 231-297

Heigel, Karl Theodor, Die Jakobiner in München, in: Ders., Aus drei Jahrhunderten. Vorträge aus der neueren deutschen Geschichte, S. 159-207

Huber, Brigitte, Ein Pantheon der kleinen Leute. Die Bildergalerie des Münchner Buchhändlers Johann Baptist Strobl (1748-1805), München 1997

Jakobinische Flugschriften aus dem deutschen Süden Ende des 18. Jahrhunderts, hg. v. Heinrich Scheel, (Deutsche Akademie der Wissenschaften zu Berlin. Schriften des Instituts für Geschichte, Reihe 1: Allgemeine und Deutsche Geschichte, Bd. 14), Berlin 1965

Junkelmann, Marcus, Napoleon und Bayern. Von den Anfängen des Königreiches, Regensburg 1985

K., F. A., Diarische Geschichte des Französisch-Baierischen Krieges in Deutschland gegen Oesterreich in den letzten Monden des Jahres 1805, München 1806

Kluckhohn, August, Aus dem handschriftlichen Nachlasse L. Westenrieders, 1. Abteilung: Denkwürdigkeiten und Tagebücher, München 1881

Kluckhohn, August, Aus dem handschriftlichen Nachlasse L. Westenrieders, 2. Abteilung: Briefe Westenrieder's. Mit einem Anhange: Tagebücher aus den Kriegsjahren 1805 und 1809, München 1882

Lang, Karl Heinrich Ritter von, Memoiren des Karl Heinrich Ritters von Lang. Faksimile der Ausgabe von 1842, (Bibliotheca Franconia, Bd. 10), Erlangen 1984

Lehmbruch, Hans, Ein neues München. Stadtplanung und Stadtentwicklung um 1800. Forschungen und Dokumente. Eine Festgabe des Historischen Vereins von Oberbayern zum 150. Gründungsjubiläum, hg. v. Historischen Verein von Oberbayern, Buchendorf 1987

Lipowsky, Felix Joseph, Karl Theodor, Churfürst von Pfalz-Bayern, Herzog zu Jülich und Berg u. u. wie Er war, und wie es wahr ist, oder dessen Leben und Thaten. Aus öffentlichen Verhandlungen und historischen Quellen getreu dargestellt, Sulzbach 1828

Lipowsky, Felix Joseph, Urgeschichten von München, 2. Teil, München 1815

Mannlich, Johann Christian von, Histoire de ma vie. Mémoires de Johann Christian Mannlich (1741-1822), Vol. 2, éd. par Karl-Heinz Bender/Hermann Kleber, Trier 1993

Münchner Briefe 1801-1804, in: München-Augsburger Abendzeitung, Nr. 3, 6, 8, 12 und 15, 4., 11., 13., 19. und 24.1.1922

Neumann, Karl Friedrich, Der Plan zu einer süddeutschen Republik am Ende des achtzehnten Jahrhunderts, in: Deutsche Jahrbücher für Politik und Literatur 10, 1864, S. 286-297

Oelwein, Cornelia, Ein Grabdenkmal, nach 144 Jahren weggebombt. An Louis Bastoul erinnert in München eine Bronzetafel mit eigentümlicher Inschrift, in: Arnold J. Großegesse (Hg.), Not, Leid und Tod – Umbruch und neue Hoffnung. Die Schlacht von Hohenlinden im Jahr 1800, eine historische Wende aus lokaler Perspektive, (Der Landkreis Ebersberg – Geschichte und Gegenwart, Bd. 6), Ebersberg 1999, S. 103-107

Ow, Anton von, Münchener Neuigkeiten aus den Jahren 1795-1799, in: Altbayerische Monatsschrift 3, 1901/1902, S. 26-30

Rall, Hans, Kurfürst Karl Theodor. Regierender Herr in sieben Ländern, (Forschungen zur Geschichte Mannheims und der Pfalz.

Neue Folge, Bd. 8), Mannheim/Leipzig/Wien/Zürich 1993

Sammlung der Churpfalz-Baierischen allgemeinen und besondern Landes-Verordnungen von Justiz-, Finanz-, Landschafts-, Mauth-, Polizey-, Religions-, Militär- und vermischten Sachen, hg. v. Georg Karl Mayr, Bd. 5, München 1797

Sammlung der Churpfalz-Baierischen allgemeinen und besondern Landes-Verordnungen von Sr. Churfürstl. Durchläucht Karl Theodor u. u. In Justiz-, Finanz-, Landschafts-, Mauth-, Polizey-, Religions-, Militair- und vermischten Sachen, hg. v. Georg Karl Mayr, Bd. 6, München 1799

Sang, Hans-Peter, Joseph von Utzschneider (1763-1801). Sein Leben, sein Wirken, München 1985 (Diss. Phil.)

Schattenhofer, Michael, Der Kniefall des Münchner Rats vor dem Bild des Kurfürsten Karl Theodor, in: ZBLG 27, 1964, S. 302-339

Scheel, Heinrich, Süddeutsche Jakobiner. Klassenkämpfe und republikanische Bestrebungen im deutschen Süden Ende des 18. Jahrhunderts, (Deutsche Akademie der Wissenschaften zu Berlin. Schriften des Zentralinstituts für Geschichte, Reihe 1: Allgemeine und Deutsche Geschichte, Bd. 13), Berlin ²1971

Schlosser, Max, Moreau in Schwaben und Bayern im Jahre 1796 mit besonderer Berücksichtigung der Schicksale Landsbergs. Programm zum Jahresberichte der Kgl. Realschule Straubing für 1884/85, Straubing 1885

Zerback, Ralf, München und sein Stadtbürgertum. Eine Residenzstadt als Bürgergemeinde 1780-1870, (Stadt und Bürgertum, Bd. 8), München 1997 (Diss. phil. Frankfurt am Main 1993)

Zschokke, Heinrich, Der Baierischen Geschichten Sechstes Buch, Bd. 4, Aarau ²1821